Stephanie Clasemann

Denkende Affen?

Wer wir sind und was wir wissen können

SUFA

Lektorat, Layout, Cover: Dr. Matthias Feldbaum, Augsburg
Coverabbildungen: iStock.com/CSA-Printstock

Druck und Distribution im Auftrag der Autorin:
tredition GmbH, Heinz-Beusen-Stieg 5, 22926 Ahrensburg

ISBN
Paperback: 978-3-384-06358-8
E-Book: 978-3- 384-06359-5

Stephanie Clasemann

Denkende Affen?

Inhalt

Einleitung

Fragen Sie sich auch manchmal, wer Sie eigentlich sind? Wenn Sie einmal die Rollen weglassen, die Sie den Tag über spielen – sei es der nette Mitarbeiter oder auch die strenge Chefin, sei es die liebevolle Mutter oder der engagierte Vater, die beste Freundin oder der stets freundliche Nachbar –, wenn Sie das alles abends abstreifen und morgens, kurz nach dem Aufstehen, sich noch nicht wieder angezogen haben, wer oder was sind Sie dann eigentlich *noch*?

Ein Mensch eben, könnte die Antwort sein. Ja, aber was zeichnet Sie als Menschen aus?

Sind wir tatsächlich so etwas wie höher entwickelte Affen, die denken, sprechen und lesen können? Ist das unsere ganze Natur, unsere Grundausstattung? Ist das schon alles?

Natürlich zeichnet uns unser Denken aus, es unterscheidet uns vom Tier, abgesehen davon, dass wir auch ständig damit beschäftigt sind. Wann denkt man denn nicht? Gedanken begleiten uns durch den ganzen Tag und nicht selten durch die halbe Nacht. Wir sind vor allem anderen denkende Wesen, das ist klar.

Aber, möchte ich weiterfragen, was sind wir, wenn das Denken aufhört, beispielsweise wenn wir sehr krank oder hinfällig sind, oder wenn wir es bewusst abstellen, etwa in der Meditation. Was sind wir dann? Bewusstsein ist dann immer noch da, aber was genau ist das?

Das sind keine rhetorischen Fragen, die Sie irritieren sollen. Im Gegenteil, sie sind absolut zeitgemäß und relevant für uns alle. Jeder kommt im Leben immer wieder an Punkte, wo diese Fragen ganz persönlich brennend werden: Wir leiden an psychischen oder neurologischen Krankheiten. Kleine oder größere Krisen rauben uns fast den Verstand. Eltern oder Großeltern werden dement und wir müssen miterleben, wie ihr Denkvermögen allmählich verschwindet und mit ihm die Erinnerungen und Ausdrucksmöglichkeiten. Was ist denn, wenn ich mit einem lieben Angehörigen nicht mehr sprechen kann? Er ist doch trotzdem noch da, oder nicht? Gibt es ein Bewusstsein dahinter, ohne Denken und Sprache?

Wir alle sind in der einen oder anderen Weise davon betroffen, dass wir im Grunde keine Ahnung haben, wer wir *wirklich* sind und was wir hier in dieser Existenz eigentlich zu tun haben. Vielleicht sollten wir uns damit beschäftigen, bevor wir in eine der großen Lebenskrisen geraten, bevor wir schwer krank werden oder sogar dem Tod ins Auge sehen müssen. Im Ausnahmezustand, wenn wir extrem aufgewühlt sind, ist es schwer, Orientierung zu finden. Wenn wir aber jetzt gerade offen und entspannt sind, wäre das doch ein guter Zeitpunkt, uns neu zu kalibrieren, die eigene Ausrichtung im Leben neu zu bestimmen, damit wir vorbereitet sind, wenn die schweren Zeiten kommen. Das könnte eine gute Investition sein, finden Sie nicht?

Ich möchte Sie auf eine gemeinsame Reise mitnehmen. Begleiten Sie mich zu Psychologen und Philosophinnen und machen Sie mit mir einen Abstecher zu den modernen Neurowissenschaften. Natürlich werden wir uns auch bei den großen Kulturen, Religionen und Traditionen etwas genauer umsehen. Und nicht zuletzt betrachten wir, was die aktuelle spirituelle Landschaft zu bieten hat. Lassen Sie uns Neugier und Forschergeist ins Gepäck legen. Langeweile können wir auf unserer Erkundungstour nicht gebrauchen. Wir suchen Inspiration! Am Ende werden Sie feststellen, dass die mannigfachen Eindrücke Ihr Leben bereichert haben. Und wenn es einmal heiß hergehen sollte, mag Ihnen die eine oder andere tiefere Einsicht Hoffnung schenken.

Kapitel 1

Wissenschaft – wie sie Wissen schafft

Fangen wir mit dem Thema der Wissenschaften an, denn sie genießen in unserer Kultur ein hohes Ansehen. Gerade die Naturwissenschaften haben uns einen technischen Fortschritt beschert, der atemberaubend ist. Sie können mit Ihrem Handy hier ein Foto machen und es fast zeitgleich nach Australien schicken, einfach so – kurz aufs Display getippt und schon ist es um die halbe Welt gereist. Eine unglaubliche Leistung! Unsere Forschungsweisen sind hoch entwickelt und die Teilbereiche weit ausdifferenziert. Wir sind zumeist gut beraten, wissenschaftliche Ergebnisse und Empfehlungen ernst zu nehmen. Aber garantieren sie uns wirklich sicheren Erfolg? Vermitteln sie uns letzte Wahrheiten?

In der Philosophie hat sich zu dieser Frage eine eigene Unterdisziplin gebildet, die *Wissenschaftstheorie*. Dorthin wollen wir zuerst reisen und sehen, welche Antworten sie gefunden hat. Uns werden dort auch Tiere begegnen – Schwäne, Enten und Kaninchen. Lassen Sie sich überraschen!

Da ich als Psychologin selbst ein wissenschaftliches Studium durchlaufen habe, lade ich Sie anschließend in die Gefilde der *Bindungstheorie* ein, einem aktuell sehr bekannten und geschätzten Ansatz aus der Entwicklungspsychologie. Hier lassen sich die zuvor eingesammelten

Aussagen der Wissenschaftstheoretiker direkt anwenden. Ein abenteuerliches Unterfangen, denn eigentlich geht deren Blick meist rückwärts und es werden bereits überholte Theorien untersucht. Wir wollen jedoch eine aktuelle Theorie auf diese Weise in den Fokus nehmen. Mit einem tieferen Verständnis unserer Bindungen sind wir dabei schon ziemlich nah an der Frage nach dem Kern unseres menschlichen Wesens. Freuen Sie sich auf Sonnenblumen und Rosen!

Zunächst jedoch möchte ich Ihnen eine Geschichte erzählen. Sie handelt von neugierigen SeefahrerInnen und ihren Erfahrungen auf einer weit abgelegenen Insel.

Die Insel der Gehörlosen

Es war einmal eine Insel, die weit ab von jedem Festland lag. Auf ihr wohnten Menschen wie du und ich. Allerdings hatte sich durch einen Gen-Defekt ihr Hörsinn immer weiter verschlechtert, sodass am Ende schließlich alle BewohnerInnen taub waren. Nachdem das schon viele Generationen lang so war, gerieten Klänge und Geräusche, ja das Hören überhaupt in Vergessenheit. Man verständigte sich nun über Zeichensprache. Zum Hören gab es zwar noch einige wenige Überlieferungen, aber die wurden von den modernen InsulanerInnen meist als Humbug und Märchen abgetan. Man konnte sich darunter einfach nichts mehr vorstellen, da man ja nie selbst etwas gehört hatte und niemanden kannte, der davon berichten konnte. So gerieten das Hören und Lauschen also in Vergessenheit und wurden auch gar nicht vermisst. Sehen, Fühlen, Riechen und Schmecken dagegen wurden umso stärker genutzt. Man entwickelte Mikroskope, um ganz kleine Dinge zu untersuchen, und Fernrohre, um in weite Fernen zu spähen. Außerdem genoss man es sehr, sich gegenseitig zu berühren und zu streicheln. Mütter konnten ihren Babys zwar nicht mehr vorsingen, weil mit dem Hören allmählich auch das Sprechen und Singen verschwunden war, aber sie liebkosten sie und brachten ihnen schon früh die Gebärdensprache bei.

Manchmal sahen die BewohnerInnen dieser Insel, wie Tiere plötzlich erschraken, einfach so, mehrere gleichzeitig. Sie wunderten sich dann immer, fanden den Grund aber meist nicht heraus, obwohl sie viel darüber nachdachten. Ein paar Mal folgte dem Erschrecken der Tiere ein Unwetter, manchmal war plötzlich ein Blitz am Himmel zu sehen. Komischerweise erschraken die Tiere jedoch nicht bei dem Blitz selbst, sondern meist kurz danach. Aber die InselbewohnerInnen gewöhnten sich an diesen merkwürdigen Umstand und erklärten ihn damit, dass Tiere eben nicht so weit entwickelt seien wie Menschen. Im Großen und Ganzen lebten die Menschen auf dieser Insel so, wie Menschen überall auf der Erde leben. Sie hatten gute und schlechte Tage, friedliche Zeiten und auch solche voller Streit.

Dann kam eines Tages ein Schiff, das erste Schiff seit Jahrhunderten, weil die Insel ja so weit abseits lag. Schon von Weitem konnten sie mit ihren Fernrohren erkennen, dass sich auf dem Schiff Menschen befanden, die genauso aussahen wie sie selbst. Die winkten ihnen zu … und sie winkten zurück, neugierig und auch ein wenig ängstlich. Was mochte da auf sie zukommen?

Als die BesucherInnen schließlich an Land gingen, war ihrer Mimik anzusehen, dass sie freundlich gesinnt waren, sie lächelten. Aber gleichzeitig bewegten sie ständig ihre Münder und machten dadurch ganz merkwürdige Fratzen. Die InsulanerInnen wichen zurück, wodurch die Gesichtsbewegungen der Fremden aber noch stärker wurden. Zum Glück waren die BesucherInnen sensibel und merkten, dass sie die InselbewohnerInnen verschreckten. Ihnen war schon auch klar, dass diese wohl eine andere Sprache sprechen würden als sie selbst. Deshalb begannen sie, sich über Handbewegungen auszudrücken. Sie zeigten auf Dinge und machten große, übertriebene Gesten. Die InsulanerInnen wunderten sich etwas über die primitive Kommunikationsweise ihrer Gäste, waren nun aber doch erleichtert, dass sie sie ein bisschen verstehen konnten. Man lud die Neuankömmlinge zum Essen und Bleiben ein und langsam und allmählich entwickelten sich immer mehr gemeinsame Gesten. Einige der BesucherInnen waren sogar besonders lernwillig und konnten sich nach einiger Zeit in der Gebärdensprache der GastgeberInnen ausdrücken. Diesen offenen und neugierigen Menschen fiel bald auf, dass die InselbewohnerInnen gehörlos waren. Sehr deutlich wurde das beim nächsten Gewitter, als Tiere und Gäste beim Donner erschraken, die Insulaner aber nicht. Man versuchte daraufhin, ihnen mit Gesten zu erklären, was Hören ist. Aber es gelang nicht, sie schüttelten immer wieder den Kopf, wussten damit nichts anzufangen. Nur einige wenige erinnerten sich an alte Schriften, in denen ähnliches beschrieben war. Sie kamen ins Nachdenken, aber auch sie konnten sich unter Hören nichts vorstellen und mussten es dabei bewenden lassen. Die Tiere in ihrer Umgebung sahen sie nun aber mit anderen Augen und nahmen es seitdem sehr ernst, wenn die sich erschraken oder plötzlich innehielten und ihre Ohren aufstellten.

Irgendwann fuhr das Schiff mit den Gästen aus der anderen Welt wieder zurück. An Bord waren auch die besonders offenen und neugierigen Menschen. Während sie so zurücksahen und winkten und mit Gebärdensprache Abschiedsworte sandten, fingen sie an zu überlegen. Was, wenn sie das nächste Mal auf einer Insel landen würden, wo BewohnerInnen nicht einen Sinn weniger, sondern einen Sinn mehr hätten als sie selbst, eine Art der Wahrnehmung, die sie sich in ihren kühnsten Träumen nicht vorstellen könnten. Wie das wohl wäre?

Unsere Sinne

Ja, wie wäre das wohl, wenn wir plötzlich einen weiteren Sinn hätten? Wir wissen, dass Tiere ganz andere Wahrnehmungsmöglichkeiten besitzen als wir, dass etwa Hunde sehr viel feiner und differenzierter riechen können. Sie nehmen Dinge wahr, die wir nicht wahrnehmen können. Und da wissen wir, dass uns etwas entgeht. Gibt es vielleicht auch Phänomene, von denen wir nicht einmal ahnen, dass es sie gibt? Ist es gut, sich der eigenen Begrenztheit bewusst zu sein, wollen wir das? Und wie ist das nun mit unseren Naturwissenschaften, auf die wir so stolz sind, und die uns ja auch unbestritten in der materiellen Entwicklung weiterbringen. Schließlich können wir zum Mond fliegen und erdumspannende Online-Konferenzen durchführen, haben selbstfahrende Autos und vieles mehr. Aber geben sie uns auch die Chance, in die nicht wahrnehmbaren Bereiche vorzudringen?

Zunächst möchte man mit Ja antworten. So können unsere Messinstrumente doch die allerkleinsten Partikel und Bewegungen aufzeichnen, auch in weiten Entfernungen – alles Dinge, die unseren Sinnen nicht direkt zugänglich sind. Aber eröffnen uns diese Messinstrumente wirklich neue Wahrnehmungsbereiche oder sind sie nicht vielmehr Verlängerungen der schon bestehenden Sinne? Man wird wohl Letzteres zugestehen müssen. In die von uns sowieso wahrnehmbaren Bereiche dringen wir immer tiefer und verfeinerter ein, was zu unglaublichen Möglichkeiten führt. Aber was, wenn es daneben und gleichzeitig Phänomene gibt, auf die wir nicht geeicht sind und die deshalb völlig unerkannt bleiben?

Doch auch innerhalb unserer für sicher erachteten Wahrnehmungsbereiche sind die Dinge nicht so klar und einfach, wie man annehmen möchte. Bekanntlich liegt die Schönheit im Auge des Betrachters, und nicht nur sie liegt dort. Unsere Wahrnehmung ist immer durch genetische und erfahrungsbedingte Voreinstellung geprägt. Der eine nimmt den kleinen Straßenhund als niedlichen Welpen wahr, dem anderen springen seine vielen Flöhe förmlich ins Auge. Der eine kann Rot und Grün unterscheiden, ein anderer kann es nicht.

Die scheinbar objektiven Daten wissenschaftlicher Beobachtungen sind ebenfalls durch Voraannahmen beeinflusst. Ein Blick in die Wissenschaftsgeschichte genügt, um das Verfallsdatum von Theorien aufzuzeigen. Inzwischen wissen wir alle, dass die Erde annähernd eine Kugel ist und nicht eine Scheibe, von deren Rand man herunterfallen kann. Und es ließen sich noch viele weitere solcher einst für wahr gehaltenen Annahmen über die Welt aufzählen.

Von Schwänen und Paradigmen

Machen wir zu diesen Fragen nun einen Ausflug in die philosophische Disziplin der Wissenschaftstheorie. Ein großer Name dort ist Karl R. Popper (gest. 1994), der als Begründer des *Kritischen Rationalismus* gilt. Er zeigte auf, dass wir die Aussagesätze unserer naturwissenschaftlichen Theorien schon aus logischen Gründen nie endgültig beweisen können.[1] Diese Sätze erheben nämlich den Anspruch, allgemeingültig zu sein und darin liegt das Problem. Eine Aussage wie *Alle Schwäne sind weiß* ist in einer unendlichen Welt nicht beweisbar, weil man alle unendlich möglichen Orte aufsuchen müsste, um ihre allgemeine Gültigkeit nachzuweisen. Durch ganz viele positive

Nachweise, zum Beispiel von weißen Schwänen an vielen verschiedenen Orten, werden die Aussagen einer Theorie höchstens wahrscheinlicher. Findet man dagegen auch nur einen schwarzen Schwan, wo auch immer, hat man die Aussage *Alle Schwäne sind weiß* widerlegt. Wenn empirisch Forschende tatsächlich nach Wahrheit suchen wollten, müssten sie also eigentlich versuchen, ihre eigenen Theorien zu widerlegen. Aber wer möchte das schon und macht das jemand?

Der Wissenschaftshistoriker Thomas S. Kuhn (gest. 1996) untersuchte, wie Wissenschaft tatsächlich abläuft und ist zu dem Ergebnis gekommen, dass die Forschergemeinschaft einer bestimmten Zeit und eines bestimmten Themenbereichs sich an ein sogenanntes *Paradigma* gebunden fühlt.[2] Dieses gibt einen groben Rahmen von grundsätzlichen Annahmen und Methoden vor und innerhalb dieses Rahmens werden theoretische Aussagen weiter ausdifferenziert – so lange, bis alle erkennen müssen, dass sich Widersprüche ergeben und das ganze Konstrukt doch nicht stimmig ist. Letztlich wird dann das bis ins Kleinste ausgepuzzelte und überprüfte Paradigma wieder verworfen, allerdings erst, wenn es eine Alternative gibt, ein neues Paradigma – in der Regel durch unkonventionelle Ideen eines kreativen Menschen in die Welt gebracht. Einstein und seine Relativitätstheorie sind ein oft zitiertes Beispiel für einen solchen grundlegenden Perspektivwechsel.

Nach Kuhn vollzieht sich der Übergang zu einem neuen Paradigma, indem sich nach und nach immer mehr WissenschaftlerInnen dem neueren Vertreter zuwenden und ihren zu untersuchenden Bereich quasi durch dessen

Brille sehen. Dabei greifen die Mechanismen, die wir von Kippbildern kennen – diesen Zeichnungen, in denen man zwei verschiedene Dinge sehen kann, zum Beispiel entweder eine Ente oder ein Kaninchen. Zuerst meint man klar die Ente zu erkennen, wenn man längere Zeit auf das Bild sieht, springt einem plötzlich das Kaninchen ins Auge. Irgendwann springt es wieder zurück auf die Ente und so weiter. Andere sehen zuerst das Kaninchen und erst später die Ente. Eines bleibt aber beständig, nämlich, dass man immer nur eines der beiden Bilder sehen kann, nicht beide gleichzeitig. Und so läuft es nach Kuhn auch mit zwei nebeneinander bestehenden Paradigmen.[3] WissenschaftlerInnen, die noch neu in ihrem Gebiet und daher nicht so stark in den darin üblichen Denkformen verankert sind, können schnell durch die Brille des neuen Paradigmas sehen. Forschende, die schon lange und mit viel persönlichem Einsatz unter den Annahmen des alten Paradigmas gearbeitet haben, tun sich schwer, die Gestalt kippen zu lassen, und möchten natürlich auch ihre bisherigen Arbeitsergebnisse nicht infrage stellen. Nach und nach wenden sich jedoch immer mehr Forschende dem neuen Paradigma zu, sodass das ältere zusammen mit seinen engagiertesten VertreterInnen irgendwann ausstirbt.

Zu der Frage, ob das neue Paradigma dann näher an der Wahrheit ist als das ältere, gibt es verschiedene philosophische Positionen. Aber unter dem Strich kommen doch alle zu dem Ergebnis, dass Wahrheit ein hoher Wert ist, der in jedem Fall angestrebt werden sollte, den man jedoch nie sicher erreichen wird. Man kann Theorien untereinander vergleichen und dann entscheiden, welche mehr Phänomene erklären oder zuverlässig vorhersagen kann, welche weniger Widersprüche erzeugt, welche sparsamer, auch welche ästhetischer ist – aber ob eine von ihnen tatsächlich einer wie auch immer gearteten Wahrheit nahekommt, das vermag niemand zu sagen.[4]

Alles Bindung, oder was?

Sehen wir uns nun eine spezielle Theorie näher an, um das Gesagte zu verdeutlichen. In der klassischen Wissenschaftstheorie werden meist Aussagen der Physik als Beispiele herangezogen. Vieles ist aber auf andere Forschungsbereiche übertragbar, so auch auf die Psychologie, die sich ebenfalls als empirische Wissenschaft versteht. Eine ihrer momentan einflussreichsten Ansätze stellt die Bindungstheorie dar, die uns heute in vielen Kontexten begegnet, so etwa im Umfeld von Krippe, Kindergarten und Schule, Erziehungsberatung, Psychotherapie und Psychiatrie sowie auch Jugendamt und Familiengericht. In der populärwissenschaftlichen Literatur ist sie ebenfalls gut vertreten. Dort wird meist nur zwischen einer sicheren und unsicheren Bindung unterschieden und genau dieser Unterschied beschere einem entweder ein glückliches oder ein unglückliches Leben. Aber ist das wirklich so? Sehen wir uns die theoretischen Grundlagen einmal genauer an.

In den 1950er-Jahren führte der britische Kinderpsychiater John Bowlby (gest. 1990) den Begriff *Attachment (Bindung)* in die psychologische Forschung ein. Er definierte Bindung als *emotionales Band* zwischen zwei Menschen, wobei ihn besonders die frühe Bindung eines Kindes an seine erste und wichtigste Bezugsperson, meist die Mutter, interessierte. Nach Bowlby und weiteren WissenschaftlerInnen, die sich seinem Bindungskonzept anschlossen, ist es für eine gesunde psychische Entwicklung wichtig, dass Babys und Kleinkinder ausreichend Zeit mit ihren ersten Bezugspersonen verbringen und dass diese sich dabei feinfühlig und liebevoll auf die kindlichen Bedürfnisse einstellen. So können beide Seiten positive Gefühle füreinander entwickeln, woraus dann eben die Bindung, dieses besondere emotionale Band entsteht. Das kleine Kind fasst auf diese Weise Vertrauen und fühlt sich bei seiner Bezugsperson sicher, sodass es in ihrer Nähe frei ist, seine Umwelt zu erkunden, zu explorieren. Wenn es aber von seiner Bezugsperson getrennt wird, verliert es diese Sicherheit und zeigt Bindungsverhalten in Form von Weinen und Anklammern. Nicht nur bei Tieren, sondern auch bei uns Menschen sollen diese beiden Verhaltenssysteme – das der Bindung und das der Exploration – angeboren und gegenläufig sein: Wenn man Angst hat, wird das Bindungsverhaltenssystem aktiv und man sucht nach Unterstützung bei einer vertrauten Person. Wenn man sich dagegen sicher fühlt, kommt die menschliche Neugier zum Vorschein und man kann sich mit seiner Umwelt auseinandersetzen, mutig sein, Dinge erkunden und ausprobieren.

Die Idee der beiden angeborenen Verhaltenssysteme übernahm Bowlby aus der Ethologie, die damals mit den Untersuchungen von Konrad Lorenz zur Nachfolgeprägung bei Graugänsen eine große Popularität erreichte. In der Ethologie werden angeborenen Verhaltenssystemen evolutionäre Vorteile zugesprochen und das soll damit ebenfalls für das Bindungs- und Explorationsverhalten beim Menschen gelten. Ersteres war so gesehen in grauer Vorzeit überlebenswichtig, weil Kinder auf diese Weise in Gefahrensituationen Nähe und Schutz durch Erwachsene erhalten konnten. In unserer heutigen Leistungsgesellschaft dagegen wird dem Explorationsverhalten eine große Bedeutung beigemessen, da es als Grundlage für Lernen und Bildung angesehen wird. Laut Bindungstheorie können nur Kinder, die sich sicher fühlen, konzentriert Neues erkunden.

Bowlby hatte als Kinderpsychiater zunächst ältere Kinder und Jugendliche vor Augen, bei denen er retrospektiv frühe Kindheitserfahrungen erfasste. Seine spätere Kollegin Mary Ainsworth (gest. 1999) – der zweite große Name innerhalb des Bindungsparadigmas – setzte dagegen direkt bei der Beobachtung von Säuglingen und ihren Müttern an. Ihre Untersuchungen haben einen großen Einfluss auf die weitere Entwicklung der Bindungstheorie genommen. Sehen wir uns an, wie sie vorgegangen ist, und hören dazu anschließend auch kritische Stimmen.

Vom Wohnzimmer ins Labor

Anfangs hatte Mary Ainsworth mit ihren Mitarbeiterinnen Feldforschung betrieben, dazu bei Familien zu Hause im Wohnzimmer gesessen und die Mutter-Kind-Interaktionen beobachtet und protokolliert. Um die Balance von Bindungs- und Explorationsverhalten aber auch unter Laborbedingungen untersuchen zu können, entwickelte sie in den 1960er-Jahren den sogenannten *Fremde-Situations-Test*, der seitdem und bis heute zu Diagnostik- und Forschungszwecken genutzt wird. Dazu allerdings hatte Mary Ainsworth sich später selbst kritisch geäußert, hätte sich von nachfolgenden ForscherInnen wieder mehr Feldforschung gewünscht.[5] Doch die Verlockung eines vorgegebenen, standardisierten Tests war wohl zu groß. Sehen wir nun, wie er aufgebaut ist:

Zunächst halten sich eine Mutter und ihr etwa einjähriges Kind in einem Untersuchungsraum auf, in dem es interessante Spielsachen gibt, die zur Exploration anregen sollen. Außerdem befindet sich dort noch eine fremde Person. Im Laufe der Untersuchung lässt die Mutter dann – nach einem genau vorgegebenen Protokoll – ihr Kind zweimal für wenige Minuten in diesem fremden Umfeld allein, was laut Theorie Bindungsverhalten auslösen müsste. Mary Ainsworth und Mitarbeiterinnen konnten allerdings beobachten, dass Kinder in dieser Testsituation sehr unterschiedlich auf das Weggehen der Mutter reagieren. Einige blieben insgesamt ruhig und spielten weiter, zeigten also kein Bindungsverhalten. Andere wiederum weinten sehr und wollten der Mutter hinterher. Nach deren Rückkehr ließen einige sich leicht trösten, andere dagegen waren noch lange außer sich und wirkten verärgert. In ihrer berühmten *Baltimore-Studie* untersuchte Mary Ainsworth auf diese Art und Weise sechsundzwanzig Mutter-Kind-Paare, die sie zuvor auch schon häufiger zu Hause beobachtet hatte. Aus den verschiedenen Verhaltensweisen der Kinder in der Untersuchungssituation leitete sie drei Bindungsstile ab, denen später noch ein vierter hinzugefügt wurde.

Nach Mary Ainsworth liegt die Ursache für die unterschiedlichen Bindungsstile der Kinder im alltäglichen Verhalten ihrer Mütter, genauer gesagt in deren *Feinfühligkeit*. Dabei gilt eine Mutter als feinfühlig, wenn sie die Signale ihres Kindes achtsam wahrnimmt und richtig interpretiert, um dann angemessen und prompt darauf zu reagieren. Das kleine Kind benötige diese auf seine Bedürfnisse fein abgestimmten Reaktionen der ersten Bezugspersonen, um eine sichere Bindung und damit auch Urvertrauen auszubilden.

Entsprechend diesen Annahmen wird das Verhalten der Kinder im Fremde-Situations-Test folgendermaßen erklärt und klassifiziert:

Sicher gebundene Kinder sind es gewohnt, dass auf ihre Hilferufe reagiert wird. Deshalb bringen sie ihre Not deutlich zum Ausdruck, wenn die Mutter den Raum verlässt, und lassen sich bei ihrer Rückkehr schnell wieder von ihr beruhigen. Die als *unsicher-vermeidend* eingestuften Kinder dagegen bleiben in den Trennungssituationen und auch danach äußerlich ruhig und spielen weiter. Das wirkt zunächst einmal ausgeglichen und selbstständig, man konnte später bei dieser Gruppe von Kindern aber in den Trennungssituationen erhöhte Herzraten und andere physiologische Stressparameter nachweisen. Daraus folgerte man, dass auch sie gern offenes Bindungsverhalten zeigen würden, das jedoch unterdrücken, weil sie durch ihre Mütter darin anscheinend schon oft ignoriert oder zurückgewiesen worden sind. Die dritte Gruppe, die *unsicher-ambivalent* gebundenen Kinder, fallen vor allem durch ärgerliches Verhalten auf. Sie weinen bei Trennung, zeigen also Bindungsverhalten, lassen sich nach Rückkehr der Mutter aber kaum von ihr beruhigen oder trösten. *Desorganisiert* gebundene Kinder schließlich lassen bei Trennung und wieder Zusammentreffen mit ihrer Bezugsperson keine kohärente Verhaltensstrategie erkennen. Sie agieren chaotisch.

Anzumerken ist, dass die sichere Bindung zwar allgemein als die beste für die weitere psychische Entwicklung des Kindes angesehen wird, dass aber auch die weniger optimalen Bindungsstile als gesunde Anpassungen des kleinen Kindes an das jeweilige soziale Umfeld gelten.[6] Das Kind mache immer das Beste aus der vorgefundenen Situation, ihm sei nichts vorzuwerfen – den Eltern dagegen schon, wenn sie zu oft abwesend oder nicht feinfühlig genug sind. Nach Mary Ainsworth tragen sie die volle und alleinige Verantwortung für den ausgebildeten Bindungsstil ihres Kindes und seine daraus folgende Entwicklung. Das lässt sich jedoch hinterfragen.

Kritische Stimmen

Es gibt nämlich auch kritische Stimmen zur Baltimore-Studie und ihrer Klassifizierung von Bindungsqualitäten. Heidi Keller etwa führt aus, dass „die Beziehungen zwischen der mütterlichen Sensitivität und dem im Labor diagnostizierten Bindungstypus (...) seitdem als Grundpfeiler der Bindungstheorie (gelten), obwohl in Nachuntersuchungen und späteren Metaanalysen nur mäßige Zusammenhänge und keinesfalls höhere als mit anderen Verhaltens- und Interaktionsmaßen festgestellt wurden."[7] „Die starken Zusammenhänge, die Mary Ainsworth in ihrer Baltimore-Studie gefunden hat, wurden nie repliziert, d. h. wiederholt."[8] Auch ist eine Stichprobe von nur sechsundzwanzig Mutter-Kind-Paaren, die zudem alle einer Stadt entstammen, nicht gerade als repräsentativ anzusehen.

Andere AutorInnen kritisieren, dass die unterschiedlichen *Temperamente* von Kindern beim Fremde-Situations-Test nicht berücksichtigt werden. Kinder sind etwa von Geburt an unterschiedlich leicht erregbar, ängstlich oder neugierig – weinen auch unterschiedlich schnell und heftig und brauchen unterschiedlich lang, um sich wieder zu beruhigen. Es ist nur plausibel, dass sie je nach Temperament verschieden auf die Herausforderungen im Fremde-Situations-Test reagieren. Damit zeigt ihr Verhalten in der Untersuchungssituation nicht nur ihr Verhältnis zur Mutter an, wie die Bindungstheorie annimmt, sondern es kann ebenso unmittelbarer Ausdruck ihres angeborenen Temperamentes sein. Wissenschaftlich gesprochen sind somit die beiden Wirkfaktoren der Bindung zur Mutter einerseits und des kindlichen Temperamentes andererseits im Fremde-Situations-Test konfundiert.[9] Wenn sich etwa ein Kind nach Rückkehr der Mutter nur schwer von ihr beruhigen lässt, könnte das zum einen, theoriekonform, eine unsicher-ambivalente Bindung anzeigen – es könnte genauso gut aber auch Ausdruck dafür sein, dass dieses Kind aufgrund seiner Veranlagung länger braucht, um sich nach einer Aufregung wieder zu regulieren.

Wie wir sehen, ist die Unterteilung in die vier verschiedenen Bindungstypen vielleicht doch nicht so in Stein gemeißelt, wie es uns in der entsprechenden Literatur zumeist suggeriert wird. Da haben wir gerade eine spannende Entdeckung gemacht.

Einmal unglücklich, immer unglücklich?

Fassen wir die grundsätzlichen Annahmen der Bindungstheorie noch einmal zusammen. Sie besagt, dass jeder Mensch über die beiden angeborenen Verhaltenssysteme der Bindung und Exploration verfügt, dass eine sichere Bindung optimal für das psychische Wohlbefinden und die weitere Entwicklung ist und dass im Wesentlichen die elterliche Anwesenheit und Feinfühligkeit darüber entscheidet, ob sie ausgebildet werden kann.

Wie hat sich die Bindungstheorie ausgehend von dieser Basis seit den 1960er-Jahren nun weiterentwickelt? Wie haben die Forschenden – im Sinne Kuhns – an ihr gepuzzelt?

Eine umfangreiche Ausarbeitung besteht darin, dass man nicht mehr nur auf die Bindungsentwicklung in der Säuglings- und Kleinkindzeit sieht, sondern die gesamte Lebensspanne in den Blick nimmt, wozu auch weitere Bindungsdiagnoseverfahren, zum Beispiel standardisierte Interviews, entwickelt wurden. Besonders interessierte die Frage, ob der früh entwickelte Bindungsstil über den

Lebenslauf erhalten bleibt, ob es darin eine *Kontinuität* gibt – man dadurch für sein weiteres Leben geprägt und determiniert ist. Zur Beantwortung dieser Frage wurden mehrere große Längsschnittstudien durchgeführt. Diese konnten den erwarteten Zusammenhang jedoch gar nicht oder nur moderat zeigen, wofür sich verschiedene Erklärungen finden lassen. Wer etwa zunächst keine Erfahrungen von liebevoller Nähe und Zuverlässigkeit erleben durfte, kann das später im Leben nachholen, vielleicht in einer Pflegefamilie oder auch noch später bei einem liebevollen Ehepartner. Und auch eine Psychotherapie kann in dieser Weise wirken – worauf schon Bowlby, selbst Psychotherapeut, hingewiesen hatte. Zusätzlich können positive Beziehungserfahrungen über KindergärtnerInnen, LehrerInnen, Verwandte, Freunde und NachbarInnen gesammelt werden, nicht selten auch in Vereinen oder religiösen Gemeinschaften. Und andersherum können die ursprünglich sicher gebundenen Kinder durch kritische Lebensereignisse, wie zum Beispiel eine sehr strittige Elterntrennung oder ein Betrogen- oder Verlassenwerden durch den eigenen Partner, einen Teil ihres Vertrauens wieder verlieren.

Wo man früher den im Elternhaus ausgebildeten Bindungsstil eines Kindes fast wie ein *Persönlichkeitsmerkmal* behandelte – wie eine stabile, das ganze Leben überdauernde Eigenschaft –, definiert man Bindung heute überwiegend als ein *Beziehungsmerkmal*. Hier hat es also eine deutliche Entwicklung und Ausdifferenzierung der Bindungstheorie gegeben. Darüber lässt sich auch darstellen, dass ein und derselbe Mensch verschiedene Bindungsqualitäten mit verschiedenen Personen leben kann. So ist es etwa möglich, gleichzeitig zu einem Elternteil sicher und zu dem anderen unsicher gebunden zu sein.

Aus wissenschaftstheoretischer Sicht

Auch aus wissenschaftstheoretischer Sicht sind die Längsschnittstudien zur Kontinuität von Bindungsmustern interessant. Einige von ihnen beanspruchen, eine moderate Kontinuität nachgewiesen zu haben, andere fanden diesen Effekt nicht. Daraus schließt ein Teil der Bindungsforschenden, dass die Kontinuitätsannahme widerlegt sei, andere aber argumentieren, dass die Methoden zur Messung von Bindungsmustern zu uneinheitlich über die verschiedenen Altersgruppen hinweg seien. Bei Säuglingen und Kleinkindern etwa würde Verhalten beobachtet, bei Erwachsenen würden Einstellungen abgefragt. Diesen Einwand kann man einerseits als begründet und berechtigt anerkennen, man kann ihn andererseits aber auch – Kuhn folgend – als Versuch sehen, das Paradigma zu „retten“ in einer Phase, die erste Unstimmigkeiten erkennen lässt. So führen etwa Grossmann und Grossmann, Vertreter der Kontinuitätsthese und seit dreißig Jahren dem Bindungsparadigma verpflichtet, an: „Die Schlussfolgerungen, dass frühe Bindungserfahrungen irrelevant sind, wenn etablierte Bindungsmaße keine Kontinuität zeigen (…), ist auch logisch und wissenschaftlich falsch, weil es immer möglich ist, dass das, was nicht gefunden wurde, nur übersehen worden ist.“[10] Und etwas später finden sie folgende Lösung: „Der wissenschaftliche ‚Streit', ob die Bindungsqualität eines Einjährigen in der Fremden Situation – über eine Beobachtung des Verhaltens ermittelt – eine Vorhersage späterer Bindungsrepräsentation – eine Bewertung des gedanklichen Umgangs mit Bindungsthemen – erlaubt, ist von der Forschung überholt worden. In jeder der Langzeituntersuchungen, die für einzelne Bindungsmessungen z. T. unterschiedliche Methoden verwandten, suchte man eher nach den Organisationsprinzipien und Prozessen in der psychischen Entwicklung."[11]

Nach Popper stellen die Studien, die Kontinuität nicht nachweisen konnten, eine Falsifizierung der Kontinuitätsannahme dar. Dass es so einfach aber nicht ist und in Wissenschaftlergemeinschaften so auch nicht praktiziert wird, konnte gerade aufgezeigt werden.

Doch zurück zu den aktuellen Ausdifferenzierungen der Bindungstheorie. Ebenfalls mehr in den Blick genommen wird inzwischen die Rolle des Vaters als wichtige Bezugsperson – was aufgrund der gesellschaftlichen Situation mehr als geboten ist, bringen Väter sich heute doch viel früher und intensiver in die Kinderbetreuung ein. Ein bedeutsames Merkmal der Vater-Kind-Beziehung besteht zum Beispiel darin, dass Väter ihre Kinder im gemeinsamen Spiel besonders gut zur Exploration ermutigen können.[12] Auch hier hat es also eine wichtige Erweiterung gegeben, wird nicht mehr nur die Mutter in den Fokus genommen. Außerdem gibt es inzwischen auch Untersuchungen zu unterschiedlichen Voraussetzungen aufseiten der Kinder – wie etwa deren Orientierungsfähigkeit,

Erregbarkeit oder Irritierbarkeit –, werden Wechselwirkungen von elterlichen und kindlichen Merkmalen beim Aufbau von Bindungsbeziehungen mit in Betracht gezogen.[13]

Wenn ein ganzes Dorf ein Kind erzieht

Eine weitere und dringend gebotene Ausarbeitung der Bindungstheorie steht allerdings noch aus.[14] Bisher vertritt sie einen *universellen Geltungsanspruch*. Es wird nicht nur angenommen, dass Bindung für alle Menschen grundsätzlich wichtig ist, sondern auch, dass für alle Menschen gleichermaßen gilt, was eine gute Bindung auszeichnet und wie sie entsteht. Die überwiegende Zahl der Untersuchungen dazu aber wurden an Mittelschichtsfamilien des euroamerikanischen Kulturraums durchgeführt. Als optimal bindungsstärkende Situationen wurden dann solche beschrieben, in denen es einen sogenannten Face-to-Face-Kontakt zwischen dem kleinen Kind und seiner Bezugsperson gibt, mit gegenseitigem Ansehen, mit abwechselndem Sprechen oder Lautieren, mit Spiegeln der kindlichen Signale durch die Bezugsperson. Diese direkte und ausschließliche Zuwendung des Erwachsenen zum Kind mit Augenkontakt und Sprechen gilt als eine der besten Arten, eine gute Bindung aufzubauen.

Untersuchungen in anderen Teilen der Erde, wo Menschen in dörflichen Großfamilienstrukturen leben, zeigen aber, dass sich Bindung hier ganz anders ausbildet – weniger exklusiv, weniger mit dialogischem Gegenübersein, sondern mehr mit Tragen am Körper und mehr mit Betreuung durch viele Personen, besonders auch durch ältere Kinder, durch ein In-der-Gruppe-Sein. Kinder mit solchen Bindungsgeschichten verhalten sich dann natürlich ganz anders in Trennungssituationen von ihrem Vater oder ihrer Mutter. Und wenn nun ein Kind, das in dieser Art und Weise sozialisiert wurde, mit seinen Eltern nach Deutschland kommt und hier in den Kindergarten geht, sind die Missverständnisse vorprogrammiert.

Aufgrund der bindungstheoretischen Annahmen zum Stress kleiner Kinder in Trennungssituationen legt man inzwischen viel Wert darauf, Kinder gut in Krippe oder Kindergarten einzugewöhnen. Die Eltern bleiben so lange mit dem Kind in der Einrichtung, bis es sich vertraut fühlt und dann auch ohne die Eltern stressfrei dortbleiben kann. Eltern aus anderen Herkunftskulturen verstehen dieses Konzept manchmal aber gar nicht, weil ihre Kinder schon früh daran gewöhnt wurden, sich mit vielen verschiedenen Personen sicher zu fühlen – weil sie sich auch schnell und zufrieden in Kindergruppen einfügen können. Diese Eltern wissen dann nicht, was die ErzieherInnen von ihnen erwarten und die wiederum attestieren den Eltern Lieblosigkeit. Um diesen Missverständnissen begegnen zu können, braucht es ein kultursensibles Vorgehen, sowohl im Alltag als auch im Ausformulieren der Bindungstheorie.

Unterschieden wird etwa zwischen einerseits eher *autonomieorientierten* Kulturen mit Fokussierung auf Unabhängigkeit (Independenz), Individualität und Selbstbestimmung – und andererseits eher *verbundenheitsorientierten* Kulturen mit Betonung von Gruppenzugehörigkeit, Verwobenheit mit anderen (Interdependenz), sozialen Verpflichtungen und Einordnen in Hierarchien.[15] Nur auf erstere, die autonomieorientierten Kulturen, passen die Untersuchungsmethoden und normativen Vorgaben der Bindungstheorie. So beinhaltet das Konzept der Feinfühligkeit, dass die Bezugsperson sich auf das Kind einstellt, auf seine Signale reagiert, ihm in seinen Bedürfnissen folgt. Außerdem soll sie nach neueren Ansätzen *mentalistisch* mit ihm sprechen, also seine vermuteten inneren Zustände benennen und mit Bedeutung versehen („Bist du jetzt müde, sollen wir eine Pause machen?"; „Du möchtest wohl lieber mit dem Ball spielen, anstatt ein Buch anzusehen."). Wenn eine Bezugsperson dagegen die Interaktionen mit dem Kind stärker nach eigenen Vorstellungen lenkt – eigene Vorgaben macht, auf die das Kind reagieren soll –, wird ihr Verhalten gemäß der Bindungstheorie als wenig feinfühlig bewertet. In eher verbundenheitsorientierten Kulturen gilt der mehr lenkende Erziehungsstil aber als gute Sozialisationsmethode.[16] Interessanterweise findet sich in diesen Kulturen dann auch weniger bis gar kein ausuferndes Verhalten im Trotz- und Pubertätsalter, den Phasen, die in unseren westlichen Gesellschaften als wichtig für die Autonomieentwicklung angesehen werden.[17]

Generation Ich?

Doch auch bei uns werden kritische Stimmen lauter, die unter dem Stichwort *Generation Ich* die Nachteile einer zu stark auf das Kind zentrierten Erziehung aufzeigen. So sieht man heute nicht wenige sehr motivierte Eltern, die es mit der unmittelbaren Bedürfnisbefriedigung ihrer Kinder so übertreiben, dass diese sich zu kleinen Egomanen entwickeln – je nach Temperament in der grenzenlos-ausagierenden oder ängstlich-klammernden Form. Diesen Kindern mangelt es nicht so sehr am sogenannten Urvertrauen als vielmehr an dem Vertrauen darin, dass Erwachsene ihnen Halt in Form klarer Grenzen und Strukturen geben können. Im Übrigen bedeutet Feinfühligkeit eben auch, dem älter werdenden Kind mehr und mehr Freiräume zur Eigenregulation zu lassen, weil es nur so Frustrationstoleranz entwickeln und die für ein echtes Selbstbewusstsein so wichtigen Selbstwirksamkeitserfahrungen sammeln kann. Eltern, die dieses entwicklungsfördernde allmähliche Loslassen nicht bewältigen, begegnen uns heute im Phänomen der Helikoptereltern. Schon direkt nach der Geburt überfordern sich diese Eltern, insbesondere die Mütter, oft vollkommen, weil sie glauben, dass ihr Kind das Urvertrauen verlieren wird, wenn sie einmal nicht sofort und direkt auf sein Weinen reagieren können. Leider haben diese ständig dem eigenen hohen Anspruch hinterherlaufenden Mütter dann wenig Freude in ihrer neuen Rolle, sodass massiver Stress und Anspannung auf ihrer Seite entstehen – was das Kind letztendlich mehr beeinträchtigt, als wenn es auch mal hätte warten müssen. An diesem Punkt wäre eine differenziertere Darstellung bindungstheoretischen Wissens in der Öffentlichkeit hilfreich und wünschenswert.

Das große Verdienst von John Bowlby und Mary Ainsworth besteht aber unbestreitbar darin, dass sie auf die sozialen und emotionalen Bedürfnisse von Säuglingen und Kleinkindern aufmerksam gemacht haben. Es reicht für deren gutes Gedeihen eben nicht, sie nur auf der körperlichen Ebene gut zu versorgen, sondern sie möchten vertrauensvolle, sicherheitsspendende Beziehungen aufbauen und leiden, wenn ihnen diese vorenthalten oder wieder genommen werden.

So liegt eine positive Folge der Bindungstheorie eindeutig darin, dass man heute mit Situationen, in denen Kinder von ihrer wichtigsten Bezugsperson getrennt werden, sehr viel sensibler umgeht: Rooming-in ist inzwischen Standard auf Entbindungsstationen, man nimmt sich viel Zeit für die Eingewöhnung in Krippe oder Kindergarten und wenn Kinder ins Krankenhaus müssen, dürfen Eltern bei ihnen bleiben. Dadurch konnte schon viel Leid verhindert werden. Es bleibt aber der Einwand, dass die Bindungstheorie nur für unsere westlichen Gesellschaften passend ist. Sie liefert keine letzten Wahrheiten, sondern ein auf eine spezielle Kultur zugeschnittenes Wissen.

Sonnenblumen und Rosen

Fragen wir die Bindungstheorie nun einmal nach ihrem Menschenbild. Grundsätzlich finden wir Bindung auch im Tierreich. Die Beobachtung der beiden Verhaltenssysteme von Bindung und Exploration stammt ja gerade von dort und wurde auf den Menschen übertragen. So gesehen unterscheiden wir uns nicht stark vom Affen. Tatsächlich wurde sogar ein beträchtlicher Teil der psychologischen Bindungsforschung an Affen durchgeführt. Hier finden wir also nichts genuin Menschliches.

Es gibt aber einen weiteren Aspekt, unter dem das Menschenbild der Bindungstheorie interessant ist. In dem Disput darum, ob ein Mensch in seiner Entwicklung stärker durch seine Umwelt oder stärker durch seine Anlagen beeinflusst wird, ist die Bindungstheorie auf der Umweltseite zu verorten. Kindliche Merkmale werden bisher eher am Rande und überwiegend auch nur bei Beeinträchtigungen der Kinder mitberücksichtigt. Die elterliche Feinfühligkeit ist nach wie vor der alles bestimmende Faktor. Damit ist bei ungünstigen Entwicklungsverläufen das Kind vor Negativzuschreibungen geschützt, was gut ist – stattdessen haben nun aber die Eltern diese zu erleiden. Beide Seiten wären entlastet, wenn das Geschehen deutlicher als ein multifaktorielles mit Einflüssen aus verschiedenen Bereichen dargestellt würde.

Wo Bowlby, der als Kinderpsychiater pathologische Entwicklungsverläufe vor Augen hatte, einst vor allem auf die verheerende Auswirkung frühkindlicher Beziehungsabbrüche – verursacht etwa durch Kriegswirren oder Krankenhausaufenthalte – aufmerksam machen wollte, wird die Bindungstheorie heute, besonders im populärwissenschaftlichen Bereich, als eine Forderung und ein Versprechen an Eltern und Erziehungspersonen formuliert, wie sie glückliche und erfolgreiche Menschen schaffen können. Aber kann das wirklich funktionieren?

Kommen Kinder tatsächlich als Tabula rasa auf die Welt? Erleben nicht eigentlich alle Familien mit mehreren Kindern, wie unterschiedlich diese sich entwickeln, gerade auch in ihrem sozialen und emotionalen Ausdruck? Das eine Kind gebärdet sich als Alleinunterhalter, das andere ist schüchtern und still, das eine hat ständig gute Laune und lacht oft, das andere ist ernst und denkt über vieles nach. Der Ansatz der Systemischen Familientherapie, auch eher umweltorientiert, sieht den Grund für diese unterschiedlichen Verhaltensweisen vor allem in innerfamiliären Dynamiken und in den Funktionen, die einzelne Familienmitglieder darin besitzen. Aber genügt das als Erklärung? Bringt nicht jedes Kind auch etwas ganz Eigenes schon von Anfang an mit – so wie ein Blumensamen? Aus einem Sonnenblumensamen wird niemals eine Rose und aus einem Rosensamen wird niemals eine Sonnenblume, egal, was der Gärtner versucht. Aber wenn er den Samen den richtigen Ort und die richtigen Wasser- und Lichtverhältnisse zuweist, dann werden daraus kräftige Pflanzen, einmal eben eine Sonnenblume, einmal eine Rose und ein anderes Mal vielleicht ein Schattengewächs, das an einem Standort mit weniger Licht zufrieden ist und dort seine Stärken entfaltet. Wenn man dieses Bild auf Kinder anwendet, könnte man in Betracht ziehen, dass sie sich auch in ihren emotionalen und sozialen Bedürfnissen und Möglichkeiten von Anfang an unterscheiden. Damit wäre ihre Entwicklung in diesen Bereichen nicht ausschließlich den Eltern anzurechnen, auch wenn deren Feinfühligkeit unbestritten eine wichtige Einflussgröße darstellt. Sie ist quasi der gute Gärtner, der die besten Bedingungen für die jeweiligen Samen schafft.

Aus wissenschaftstheoretischer Sicht bleibt anzuerkennen, dass im Rahmen des Bindungsansatzes bis heute umfangreich geforscht und publiziert wird und er noch viele Möglichkeiten der Ausdifferenzierung und Verbesserung bietet, sodass Kuhn ihn wohl als ein lebendiges Paradigma bezeichnen würde. Uns, die wir in dieser Phase leben und die wir dem Bindungsbegriff in vielen Zusammenhängen unseres Alltags begegnen, scheint es schwer vorstellbar, dass auch dieses Paradigma sich irgendwann überholt haben könnte und uns alternative, angemessenere Sichtweisen zur Verfügung stehen. Die zentrale Aussage, dass unsere Kinder von Beginn an Liebe und Respekt verdienen, wird aber sicher bestehen bleiben.

In jedem Fall lässt sich am Bindungsansatz gut zeigen, wie Theorien unser Menschen- und Weltbild formen und wir unsere Lebensführung daran ausrichten. Damit ist es für jeden – nicht nur für Forschende selbst – sinnvoll, sich mit dem aktuellen Wissenschaftsgeschehen auseinanderzusetzen und Sichtweisen kritisch zu hinterfragen. Aber unbestritten gilt natürlich, dass ein wissenschaftliches Vorgehen einem willkürlichen auf jeden Fall vorzuziehen ist. Nur garantieren auch die besten wissenschaftlichen

Methoden nicht letzte Wahrheiten, sondern ein Wissen, das an eine bestimmte Zeit und Personengruppe gebunden ist. In diesem Sinne macht Wissenschaft ihrem Namen alle Ehre: Sie (er)schafft Wissen.

Kehren wir noch einmal zur Insel der Gehörlosen zurück. Auch hier kann es Wissenschaft und Forschung geben, auch hier können Theorien entworfen, geprüft und auch wieder verworfen werden – nur, dass es in ihnen keine Aussagen zu Tönen und Klängen, zu Geräuschen überhaupt geben wird. Diese Dimension fehlt. Dann besteht ein Gewitter eben aus Sturm, Regen und Blitz. Donner gibt es nicht. Ist das so schlimm, sind die InsulanerInnen deshalb unglücklich? Wohl kaum. Aber es gibt eben immer auch die, die eine Ahnung von etwas bekommen haben und dann neugierig geworden sind und weiter danach suchen. Warum auch nicht?

Mit dem Wissen wächst der Zweifel.
Johann Wolfgang von Goethe

Kapitel 2

Psychologie – was ist der Mensch?

Auch wir suchen weiter. Die Möglichkeiten und Grenzen von Forschung lassen wir hinter uns und sind nun gerüstet, um bei der wissenschaftlichen Disziplin der Psychologie unsere zentrale Frage zu stellen: Wer sind wir?

PsychologInnen äußern sich zu vielen Themen, wir hören sie oft in Funk und Fernsehen und das Angebot der zugehörigen Literatur ist reichhaltig. Auch als Studienfach ist die Psychologie sehr beliebt und mit einem entsprechend hohen Numerus clausus versehen. Wir werden gleich feststellen, dass diese noch recht junge Disziplin schon einige verschiedene Ansätze – Paradigmen – hervorgebracht hat. Und jedes vertritt ein anderes Menschenbild. Je nachdem, mit welchem Experten, welcher Expertin man spricht, wird man daher ganz unterschiedliche Antworten erhalten. Das kann verwirrend sein, aber auch spannend.

Wir können uns einfach inspirieren lassen und mit den Lerngesetzen beginnen, die auf jeden Fall zum anerkannten Kanon psychologischen Wissens zählen. Wieder werden uns Tiere begegnen, denn die Lerngesetze wurden zunächst an ihnen erforscht. Diesmal betreten Hunde und Tauben die Arena. Später werden wir dann Eisberge und Gipfel besuchen. Auf gehts!

Von Hunden und Tauben, Pralinen und Bier

Stellen wir uns einen Hund vor und nennen ihn Ben. Wenn man Ben ein richtig leckeres Futter vor die Schnauze hält, es ihm aber nicht gibt, wird Ben automatisch anfangen zu speicheln. Ihm läuft das Wasser im Maul zusammen, er sabbert. Das lässt sich beliebig oft wiederholen. Wenn man nun im nächsten Schritt immer kurz vor der Futterdarbietung eine Glocke anschlägt, verbindet sich in Bens Gehirn dieser spezielle Glockenton mit dem Anblick und dem Duft des leckeren Futters vor seiner Nase. So Ben diesen Glockenton oft genug direkt vor der Futtergabe gehört hat, wird er in Zukunft auch speicheln, wenn nur die Glocke ertönt. Ben steht also da, hört diesen Glockenton, ohne dass irgendwo in seiner Nähe Futter ist, und sein Speichel fängt an zu laufen. Dabei gibt es keinen inhaltlichen Zusammenhang von Futter und Glockenton, man hätte ihm kurz vor der Futterdarbietung auch ein gelbes Blatt Papier zeigen können oder irgendetwas anderes. Egal, welchen Reiz man unmittelbar zuvor darbietet, Ben lernt, ihn mit der Futtererwartung zu verknüpfen.

Diesen Zusammenhang hat Iwan P. Pawlow Anfang des 20. Jahrhunderts in seinem physiologischen Labor in St. Petersburg erstmals entdeckt, sodass man diese Art des Lernens als *Pawlow'sche Konditionierung* oder auch *klassische Konditionierung* bezeichnet. Solange der Glockenton immer wieder einmal in zeitlicher Nähe zur Futtergabe präsentiert wird, bleibt die neuronale Verbindung bei Ben erhalten und er wird entsprechendes Speichelverhalten zeigen. Wenn die Glocke aber nicht mehr zusammen mit Futter ertönt, wird die neuronale Verbindung allmählich schwächer, bis sie irgendwann als gelöscht gilt und Ben den Glockenton hören kann, ohne dass er speicheln muss.[18]

Zunächst wurde dieser Mechanismus bei Tieren untersucht und er wird dort auch zur Erziehung eingesetzt. Beim Clickertraining etwa wird ein klickendes Geräusch wiederholt direkt vor dem Belohnungsleckerli gegeben, wodurch das Klicken später auch selbst als Belohnungsreiz fungieren kann. Aber auch wir Menschen können uns dem Mechanismus der klassischen Konditionierung nicht vollständig entziehen. In der Werbung etwa wird das angepriesene Produkt in einem Umfeld positiver Reize dargestellt, um die entsprechend gewünschten Gefühle bei den potenziellen KonsumentInnen hervorzurufen. Beliebte Umgebungsmotive sind zum Beispiel Südseeszenen und attraktive Menschen, gerne auch mit Sex-Appeal. So können die Zuschauerinnen das Verzehren einer bestimmten weißen Praline mit Sommer-Urlaubs-Gefühlen assoziieren sowie mit schlanken und attraktiven Frauen, deren Figur durch diese Praline anscheinend keinen

Schaden nimmt. An einem einsamen nordfriesischen Strand dagegen zieht ein Mann seine Schuhe aus, um die nackten Füße von den kühlenden Fluten der Nordsee umspülen zu lassen. Spätesten, wenn er sich etwas später rücklings in den Sand fallen lässt, sollte der Zuschauer das Gefühl des Entspannens und Loslassens mit dem beworbenen Bier in Verbindung bringen. Beim nächsten anstrengenden Großeinkauf im übervollen Supermarkt kann genau dieses Bier dann attraktiv sein, weil es ein Entspannungserlebnis nach dem Auspacken zu Hause verspricht.

Tatsächlich werden Bierflaschen eher selten an leeren Stränden geleert und man wird sich mit einer womöglich schon geöffneten Flasche in der Hand auch nicht nach hinten in den Sand fallen lassen. Wenn man es aber doch täte, würde man schnell lernen, dass diese Aktion besser nicht wiederholt werden sollte. Und hier sind wir bei einer weiteren Art des Lernens, nämlich dem *operanten Konditionieren*, dem Lernen durch Konsequenzen.[19]

Der amerikanische Psychologieprofessor Burrhus F. Skinner (gest. 1990) untersuchte an Tauben und Ratten, wie sich Verhalten durch Verstärkungspläne formen lässt. Er fand dabei verschiedene Gesetzmäßigkeiten, etwa, dass ein belohntes Verhalten anschließend häufiger auftritt, ein ignoriertes dagegen seltener – das war zu erwarten. Aber wenn die Belohnung jedes Mal erfolgt, ist das entsprechende Verhalten später leichter zu löschen, als wenn die Belohnung nur manchmal erfolgt – das war schon weniger zu erwarten. Wenn Ben nach jedem Pfötchengeben gestreichelt und gelobt wird, wird er seinem Menschen weiterhin die Freude des Pfötchengebens machen. Wenn sein Mensch dann aber überhaupt nicht mehr positiv darauf reagiert und die hingehaltene Pfote einfach ignoriert, wird Ben nach ein paar vergeblichen Versuchen das Pfötchengeben einstellen. Denken wir uns nun eine Hundeschwester Emma für Ben. Auch sie wird für Pfötchengeben belohnt, aber nur manchmal. Manchmal wird sie gestreichelt und manchmal haben ihre Leute dazu gerade keine Zeit. Wenn nun Emmas Leute irgendwann entscheiden, dass sie auf das Pfötchengeben überhaupt nicht mehr reagieren wollen, wird Emma ausdauernder als Ben versuchen, die gewünschte Reaktion doch noch zu erreichen. Sie hält länger durch, schließlich gab es ja auch früher schon häufiger die Situation, dass ihr Verhalten ignoriert wurde.

Skinner untersuchte aber nicht nur einzelne Verhaltensweisen, sondern zeigte auch auf, wie komplizierte Verhaltensketten geformt werden können. Zunächst etwa belohnte er eine Taube, wenn sie sich überhaupt in ihrer Versuchsbox bewegte, dann wenn sie in die gewünschte Richtung trippelte, dann wenn sie zufällig auf den Hebel pickte usw. Diese Methoden werden bei Tierdressuren genutzt.

Vermeiden oder aushalten?

Sehen wir uns weitere Anwendungsfelder des operanten Konditionierens an. Auch in der Kindererziehung und in der Verhaltenstherapie wird darauf zugegriffen. So weiß man, dass nicht nur positive Zustände als Belohnung erlebt werden, sondern ebenso das Auflösen und Beenden eines negativen Zustandes – und darüber ist Vermeidungsverhalten zu erklären. Wenn beispielsweise ein Spinnen-Phobiker ein großes Exemplar dieser Tierart vor sich sieht, steigt seine Erregung deutlich an und er erlebt Ekel und Angst, was beides nicht angenehm ist. Wenn er aber vor der Spinne flüchtet und ihrem Anblick damit nicht mehr ausgesetzt ist, lässt seine innere Anspannung nach. Das ist angenehm und belohnt seine Fluchtreaktion, sodass sie auch in Zukunft als erste Wahl dasteht. Über diesen Mechanismus ist so manches irrational wirkende Angstverhalten zu erklären. Die verhaltenstherapeutische Methode der *Exposition* zielt entsprechend darauf ab, das Vermeiden nicht mehr zu gestatten. Stattdessen soll die innere Anspannung unter Begleitung des Therapeuten so lange ausgehalten werden, bis sie von selbst nachlässt – was sie in der Regel bald und dann auch immer schneller tut. Dieser Spannungsabfall in Anwesenheit der Spinne kann nunmehr als Belohnung für das mutige Aushalten der Situation erlebt werden. Aber diese Methode wird natürlich nur bei unnützen oder schädlichen Ängsten und zumeist mit schrittweiser Annäherung angewandt.

Wir haben nun eine Idee bekommen, wie Konditionierung funktioniert und wie sie unseren Alltag durchzieht. Es ist nicht zu leugnen, dass wir in unserem Verhalten durch Eltern, Lehrer, Freunde und Partner immer wieder konditioniert und geformt werden. Und auch wir selbst können uns sinnvolle Verstärker oder eben auch Strafen setzen. Wenn man sich etwa abverlangt, nach jedem nächtlichen Gang an den Kühlschrank noch einmal die Zähne zu putzen, wird das Verhalten der nächtlichen Küchenwanderung vermutlich seltener werden.

Der Mensch als Maschine?

Wir können uns also ein Stück weit selbst erziehen. Die Haupterziehungsarbeit liegt aber weiterhin in Elternhand. Wenn diese ihre Kinder an die Gepflogenheiten ihrer kulturellen Umgebung anpassen möchten, bleibt ihnen gar nichts anderes übrig, als angemessenes Verhalten zu belohnen, etwa durch ein Lob, und nicht angemessenes zu ignorieren, notfalls auch zu sanktionieren. Natürlich sollte das gewaltfrei und wertschätzend geschehen und vor allem auch dadurch, dass man selbst ein gutes Vorbild ist – aber ganz verhindern und umgehen lässt sich diese Einflussnahme nicht. So besitzen wir alle konditionierte Verhaltens- und Persönlichkeitsanteile aus unserer Kindheit, aber auch aus späteren Lebensphasen, anders geht es bei lernenden Lebewesen gar nicht. Doch fraglich ist, wieweit wir durch diese Konditionierungen und die ihnen zugrunde liegenden Lernmechanismen ausgeliefert und determiniert sind. Sind wir frei programmierbar? Skinner war der Meinung, dass dem so ist. Der Mensch sei das Produkt seiner Umwelt und beliebig formbar. Psychische und soziale Probleme seien allein durch optimierte Verstärkungspläne behebbar. In seinem Roman *Futurum Zwei – Die Vision einer aggressionsfreien Gesellschaft*[20] entwirft er eine utopische Gemeinschaft, in der durch eine einheitliche und zentral gelenkte Erziehung nach wissenschaftlichen Standards ein glückliches und aggressionsfreies Zusammenleben möglich sein soll.

Mit dieser Ansicht stand Skinner nicht allein da. Er war einer der herausragenden Vertreter des sogenannten *Behaviorismus*, eines im 20. Jahrhundert sehr einflussreichen Paradigmas der akademischen Psychologie. Seine AnhängerInnen bekannten sich zu einem rein naturwissenschaftlich-experimentellen Vorgehen. Introspektionen, ein Sinnieren über innere Vorgänge, lehnten sie als unwissenschaftlich ab. Der zumeist als Begründer dieser Richtung genannte John B. Watson äußerte sich gar über das menschliche Bewusstsein als „eine leere Annahme, genauso unbeweisbar und unerfassbar wie der alte Begriff Seele."[21] Lediglich direkt Beobachtbares und Messbares wollte er gelten lassen und das war beim Menschen eben sein Verhalten. Auf die Frage, was der Mensch sei, wäre ein Behaviorist nicht abgeneigt, ihn als Maschine zu sehen, die eben richtig eingerichtet werden muss. Wenn heute im Rahmen der künstlichen Intelligenz überlegt wird, ob perfekt programmierte Androiden irgendwann Menschen ersetzen können, liegt dem das gleiche mechanistische Menschenbild zugrunde.

In den deutschsprachigen Raum gelangte der behavioristische Ansatz erst ab 1960, doch auch hier hatte sich an den Universitäten bereits ein naturwissenschaftlich-experimentell orientiertes Vorgehen in der Psychologie entwickelt, das bis heute ihr akademisches Selbstverständnis bestimmt. Dadurch befindet sich die universitäre

Psychologie derzeit weitgehend in der eigentlich paradoxen Situation einer „Seelenkunde ohne Seele".[22]

Der Eisberg träumt

Anders sah es im medizinischen Berufsfeld der Neurologen und Psychiater aus. Hier entstand parallel und überwiegend unverbunden mit der akademischen Psychologie ein weiteres und bis heute sehr einflussreiches Paradigma: die *Tiefenpsychologie.*[23] Als ihre herausragenden Begründer und Vertreter sind Sigmund Freud (gest. 1939), Alfred Adler (gest. 1937) und Carl Gustav Jung (gest. 1961) zu nennen, die ihre Erkenntnisse eben nicht durch kontrollierte naturwissenschaftliche Experimente gewannen, sondern aus ihren eigenen Introspektionen sowie denen ihrer PatientInnen, also auf eine verstehende, hermeneutische Art und Weise. Aus der Sicht der Behavioristen war dieses Vorgehen unwissenschaftlich – aus der der Tiefenpsychologen war es angemessen, da die Psyche nur qualitativ, nicht quantitativ zu erfassen sei.

Zentral für das tiefenpsychologische Paradigma ist die Annahme eines *Unbewussten,* dessen Inhalte nicht in sprachlichen Begriffen, sondern in Bildern vorliegen und deshalb auch am deutlichsten in Träumen und freien Assoziationen zutage treten. Nur mit der Wirkmacht des Unbewussten könne das sehr oft irrationale Verhalten von Menschen erklärt werden. Gern wird hierfür das Bild eines Eisbergs benutzt, wobei der riesige Teil unter Wasser dem unbewussten und lediglich die kleine Spitze über dem Wasser dem bewussten Teil des Menschen entsprechen soll.

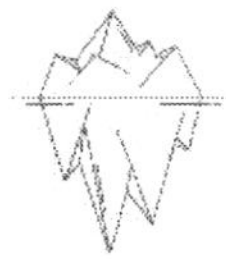

Über die Inhalte dieses Unbewussten gibt es nun verschiedene Vorstellungen. Freud sah dort vor allem bedrohliche und daher verdrängte Triebimpulse und Ängste, zumeist ödipalen Ursprungs. Adler richtete sein Augenmerk auf Minderwertigkeitskomplexe und daraus erwachsene Neurosen und Machtkonflikte und sah entsprechend deren verdrängte Anteile im Unbewussten. Jung dagegen fand dort neben individuellen Seelenanteilen auch kollektive Inhalte, die sogenannten Archetypen. In jedem Fall wird dem Unbewussten eine starke Dynamik zugesprochen, die unser Handeln oft bestimme, ohne dass wir es mit unserem Verstand, dem bewussten Teil, verstehen könnten. Erst nach langer Therapie oder Selbstanalyse sei man in der Lage, Bewusstes und Unbewusstes in Gleichklang zu bringen. Die Traumdeutung gilt dabei als wichtiges Werkzeug.

Wir alle kennen Träume, die eine solche Intensität besitzen, dass sie uns auch nach dem Erwachen noch sehr deutlich vor Augen stehen, wir ihre Gefühlslage noch stark spüren können. Die meisten unserer Träume besitzen diese Intensität jedoch nicht und wenn wir sie erinnern möchten, müssen wir lernen, nach dem Erwachen nicht sofort ins Tagesbewusstsein umzuschalten, sondern dem Traum „nachzuhängen“, um einen Teil seines Inhaltes noch fassen und dann aufschreiben zu können. Wer das regelmäßig praktiziert, wird einen kleinen Teil seiner nächtlichen Träume mit seinem Tagesbewusstsein verbinden können. Einige Menschen erleben auch *Klarträume*, was spannende Einblicke gewährt. In einem Klartraum – man spricht auch von *luzidem Träumen* – weiß man, dass man schläft und gleichzeitig erlebt man ein Traumgeschehen, das dem üblichen Tagesbewusstsein in nichts nachsteht. Es ist ebenso farbig und intensiv, fühlt sich genauso an. Allerdings kann man sich in Klarträumen willentlich über die Gesetze der Materie hinwegsetzen, kann etwa fliegen oder durch Wände gehen.[24]

Grundsätzlich findet man in seinen Träumen viele Elemente, die man früheren Erlebnissen zuordnen kann, die sich irgendwo im Gedächtnis befinden. Im Traum werden diese Versatzstücke dann neu kombiniert und man wundert sich, was für Traumwirklichkeiten dadurch entstehen. Wer einmal die nächtliche Kreativität beim Erschaffen von Wirklichkeiten erlebt hat, kann nicht umhin, ähnliche Konstruktionsmechanismen auch im Tagesbewusstsein festzustellen. Auch hier wird vieles verbunden, was keinen inhärenten Zusammenhang besitzt. Man findet in seinen Träumen aber auch Elemente, von denen man ziemlich sicher sagen kann, dass man so etwas zuvor noch nicht gesehen oder erlebt hat. Woher diese Elemente stammen, bleibt oft ein Rätsel.

Die verschiedenen tiefenpsychologischen Schulen bieten nun Traumdeutungen an, die aus ihren Theorien abgeleitet sind. Und so finden Freudianer viele Symbole, die auf Sexuelles hinweisen, Adlerianer identifizieren Geltungsbedürfnisse und Jungianer entdecken archetypische Symbole aus dem kollektiven Unbewussten. So oder so geschieht die psychotherapeutische Interpretation von Träumen theoriegeleitet und ist damit hinterfragbar. C. G. Jung betonte aber, dass die Deutung eines Traumes immer auf den individuellen Patienten zugeschnitten sein müsse. Nur wenn sie für den intuitiv stimmig sei, könne sie ihm weiterhelfen. Doch auch außerhalb von Therapie können wir durch das Bewusstmachen unserer Träume eine Ahnung davon bekommen, wie umfassend unsere Erlebniswelt tatsächlich ist, dass es da noch sehr viel mehr gibt als die vertrauten Inhalte des Tagesbewusstseins.

Die tiefenpsychologischen Therapieschulen zeichnen uns also ein Bild vom Menschen als tiefgründigem, mehrschichtigem und komplexem Wesen. Allerdings gehen sie dabei auch davon aus, dass das große dynamische Pferd des Unbewussten von einem kleinen, nur sehr schwachen Reiter – dem Bewussten – gelenkt wird, sodass es überwiegend freies Spiel hat und den Reiter oft genug an Orte trägt, an die er gar nicht wollte. Und während Jung im Unbewussten auch viele Ressourcen sieht, nämlich eigene starke Seelenanteile sowie das weise und uralte Wissen der Menschheit,[25] ist besonders Freuds Blick auf den Menschen wenig optimistisch. Auf die Frage danach, was der Mensch sei, würde er ihn als triebgesteuertes Wesen beschreiben, gesteuert vor allem von seinem Sexualtrieb und dessen kulturellen Frustrationen.

Sonnige Gipfel

Doch die Psychologie bietet uns noch ein weiteres Menschenbild. Als Ergänzung zu den beiden Paradigmen des Behaviorismus und der Tiefenpsychologie entstand in den 1950er-Jahren eine sogenannte dritte Kraft, die *Humanistische Psychologie.*[26] Sie sieht den Menschen weder als nur von außen gelenkt noch als Opfer seiner unbewussten Dynamiken, sondern als selbstgesteuertes und auf Ziele hin orientiertes Wesen mit einem freien Willen. Der amerikanische Psychologieprofessor Abraham Maslow (gest. 1970), einer ihrer prominentesten Vertreter, kritisierte zu Recht, dass Freud von seinen neurotischen PatientInnen auf die menschliche Psyche im Allgemeinen geschlossen hätte. Er hingegen richtete sein Augenmerk auf psychisch gesunde Menschen. Bei ihnen beobachtete er eine Hierarchie von Bedürfnissen, bekannt als die *Maslow'sche Bedürfnispyramide*:

Ganz unten stehen die physiologischen Bedürfnisse, etwa nach Nahrung und Wärme, dann folgt das Bedürfnis nach Sicherheit, dann das nach Zugehörigkeit. Erst wenn die tiefer in der Pyramide stehenden Bedürfnisse erfüllt sind, können die höheren ins Bewusstsein treten. So kommt es bei Menschen, die sich satt, sicher und zugehörig fühlen, auf der nächsten Ebene zu einem Bedürfnis nach Achtung und wenn auch das erfüllt ist, folgt das Bedürfnis nach Selbstverwirklichung.[27]

Zunächst hatte Maslow die Selbstverwirklichung, das Erspüren und Umsetzen der ureigensten Veranlagungen und Begabungen, als höchstes Bedürfnis angesetzt. Dann ging er aber noch einen Schritt weiter und sah sich eine Gruppe besonders gesunder Menschen an – beeindruckende Persönlichkeiten seiner Zeit, aber auch aus der Geschichte. Er beschrieb sie als gut integriert, lebendig und individuell, wenig gehemmt und wenig ärgerlich, dafür klar, effizient, freundlich und hoffnungsvoll. Und ihm fiel ein Charakteristikum dieser Menschen auf, das er nicht erwartet hatte: Sie berichteten von mystischen Erfahrungen. Maslow selbst besaß jüdische Wurzeln, führte aber kein religiöses Leben und stand den institutionalisierten Religionen auch grundsätzlich skeptisch gegenüber. Und so definierte er diese Erfahrungen als menschliche *Gipfelerlebnisse*, die sowohl innerhalb als auch außerhalb eines religiösen Rahmens auftreten können[28]: Sie sind Momente von Selbstvergessenheit, von Desorientierung in Zeit und Raum, sind Erfahrungen von Verschmelzung und Liebe, Ehrfurcht und Glückseligkeit sowie tiefer Dankbarkeit. Die Zeit scheint dann stillzustehen, die Alltagssorgen sind weit weg und gänzlich unwichtig. Diese Erfahrungen können zum Beispiel in den Bereichen Kunst und Kreativität auftreten, aber auch während Aufenthalten in der Natur oder bei alltäglichem Geschehen. Zum Beispiel hatte eine Frau Maslow geschildert, wie sie morgens für ihre Familie das Frühstück zubereitete und dabei wie gewohnt hektisch hantierte. Die Sonne schien in den Raum, die Kinder waren fröhlich und schnatterten durcheinander, ihr Mann spielte mit ihnen. Da habe sie plötzlich innegehalten und einen vollkommen anderen Blick auf die Szene gehabt, sei von einer Woge aus Liebe und Glück überflutet worden.

Maslow geht davon aus, dass alle Menschen die Möglichkeit zu solchen Erlebnissen besitzen, dass aber nicht alle sie zulassen oder ihnen genug Aufmerksamkeit schenken. Die psychisch besonders Gesunden jedoch würden diesen – in der Regel seltenen – Erlebnissen ausreichend Raum geben und daraus viel Kraft und Freude schöpfen. Aktiv herbeiführen kann man solche Erfahrungen nicht, aber man kann sie dankbar annehmen, wenn sie geschehen. Die Möglichkeit hierfür ist laut Maslow genuin menschlich und der selbstverwirklichte Mensch entwickelt ein Verlangen danach, das Verlangen nach *Transzendenz (Selbstüberschreitung)*, das damit an oberster Stelle der Bedürfnispyramide steht.[29]

Menschen mit einer einseitig naturwissenschaftlich-mechanistischen Lebensauffassung allerdings täten sich schwer damit, solche Erfahrungen als besonders und bereichernd zuzulassen, da bei ihnen „das Unexakte, das Unlogische, das Metaphorische, das Mystische (...) als ‚niedriger' oder ‚ungut' eingestuft" wird, „als etwas, das ‚verbesserungsbedürftig' ist, um der Rationalität und Logik zu genügen." Sie verstehen nicht, „dass es sich um eine Charakteristik des Menschen auf seiner höchsten ebenso wie auf seiner niedrigsten Stufe der Entwicklung handelt."[30]

Wir wollen Sinn

Auch der Wiener Neurologe und Psychiater Viktor E. Frankl (gest. 1997) ging davon aus, dass der Mensch nach

Selbst-Transzendenz strebt. Frankl stand in der Tradition von Freud und Adler, fügte ihrer Tiefenpsychologie aber eine „Höhenpsychologie" hinzu.[31] In seinem Ansatz der *Logotherapie,* auch als *Dritte Wiener Schule* bezeichnet, geht es um Sinnerleben. Für Freud war die Frage nach Sinn und Wert des Lebens krankhaft, sie zeige, dass man einen Vorrat an unbefriedigter Libido besitze. Philosophie sah er lediglich als Sublimierung verdrängter Sexualität an.[32] Frankl dagegen charakterisiert den Menschen als Lebewesen mit einem *Willen zum Sinn,* womit er sich vom Tier absetze. Nicht die reine Triebbefriedigung mit ihrem Spannungsabbau, sondern nur ein sinnerfülltes Leben mache den Menschen glücklich und zufrieden. Ein als sinnlos erfahrenes Leben dagegen führe zu innerer Leere und Leiden, schaffe Neurosen und Krankheiten.

Nach Frankl ist Sinn aber nicht einfach da oder kann gegeben werden, sondern er muss gesucht und gefunden werden, von jedem einzelnen, persönlich und individuell, und immer wieder aufs Neue. Frankl berichtet etwa von einem Patienten mit Depressionen, der nicht über den Tod seiner geliebten Frau hinwegkam. Erst als ihm in der Therapie klar wurde, dass seiner Frau die Erfahrung des Allein-Zurückbleibens nach dem Tod des Ehepartners erspart geblieben war – eben dadurch, dass er selbst das nun aushalten musste –, konnte er seinem Leiden einen Sinn geben. Er trug die Trauer ab da in diesem Bewusstsein, sozusagen als letzten Liebesdienst an seiner Frau.

Grundsätzlich unterscheidet Frankl drei Wege, auf denen man in seinem Leben Sinn verwirklichen kann: Als *homo faber* findet man ihn in Taten und im Erschaffen von etwas, als *homo amans* findet man ihn im Erleben und Lieben von etwas und als *homo patiens* kann man Sinn finden in der ganz eigenen Haltung zu einem unabwendbaren Leid.[33] Gerade Letzteres konnte Frankl häufiger beobachten, nicht nur bei seinen neurologischen und psychiatrischen PatientInnen, sondern auch in den drei Jahren, die er in verschiedenen Konzentrationslagern verbrachte, darunter auch Auschwitz.

Ein Psychiater im Konzentrationslager

Sein Buch *Trotzdem Ja zum Leben sagen*[34] diktierte Viktor Frankl kurz nach seiner Entlassung in lediglich neun Tagen, es sei nur so aus ihm herausgeflossen.[35] Inzwischen ist es in sechsundzwanzig Sprachen übersetzt und allein in Amerika wurden an die neun Millionen Stück verkauft. Er berichtet darin von den menschenunwürdigen Zuständen in den Konzentrationslagern: dem quälenden Hunger, den Erfrierungen und körperlichen Schmerzen, der grenzenlosen Erschöpfung, den vielen Demütigungen und Grausamkeiten, dem Ekel vor all dem Hässlichen und der brennenden Sehnsucht nach den Liebsten – und darüber, wie all das auf die menschliche Psyche wirkt, wie sie auch abstumpfen muss, um es überhaupt ertragen zu können.

Ihm war es aber trotzdem gelungen, einen vorurteilsfreien Blick auf seine Mitmenschen zu bewahren, sodass wir in seinem Buch auch von jüdischen Aufsehern lesen, die besonders grausam waren und von SS-Männern, die heimlich von ihrem eigenen Geld Medikamente für die Gefangenen besorgten oder auch verstohlen ein Stück Brot der eigenen Essensration einem Inhaftierten zusteckten. Viktor Frankl war in der Lage, auch diese Dinge klar zu benennen und das, obwohl fast alle seine Angehörigen – seine junge Frau, seine Eltern und sein Bruder – in verschiedenen Lagern gestorben waren. Auch er selbst war dem Tod so manches Mal nahekommen, aber er hatte überlebt und hatte auch den Willen dazu immer besessen.

Bei einigen Mithäftlingen allerdings konnte er beobachten, wie sie sich aufgaben und dann auch bald starben. Andere hingegen zeigten sich widerstandsfähiger gegen die vielen Qualen und Nöte, hielten ihnen stand, weil sie ihr Denken auf die Zukunft ausrichteten, auf ein Ziel hin – etwa darauf, nach der Befreiung geliebte Menschen wiedersehen zu können (homo amans). Manche hielten auch durch, weil sie noch ein Werk zu Ende bringen wollten (homo faber). Frankl selbst hatte beim Eintreffen im Lager ein fertiges Buchmanuskript heimlich in seinem Mantel versteckt gehalten, das ihm jedoch weggenommen und vernichtet worden war. Mit einfachsten Mitteln machte er sich später im Lager Notizen, um dieses Buch anschließend ein zweites Mal zu schreiben, was auch tatsächlich geschah.

Aber neben der Sinnhaftigkeit, die durch diese nach außen gerichteten Aktivitäten erreicht wird, konnte Frankl noch einen dritten Weg von Sinnerleben ausmachen. Bei einigen Häftlingen war zu beobachten, wie sie am Leiden reiften, wie sie daran ihre Persönlichkeit – einige auch ihre Spiritualität – entwickelten (homo patiens).

Und diese Möglichkeit der inneren Entwicklung ist immer gegeben, vielleicht sogar besonders im letzten Lebensabschnitt. Doch dieser Sichtweise anschließen kann sich wohl nur, wer dafür einen inneren Ort im Menschen annimmt, der über den leiblichen Tod hinaus bestehen bleibt. Nur wenn man das zuletzt Erlangte „mitnehmen" kann, macht eine Entwicklung kurz vor dem Tod noch Sinn. So betrachtet ist es dann aber auch geboten, mit alten und sterbenden Menschen anders umzugehen, als wir es in unserer Leistungsgesellschaft gemeinhin tun. Hier geht es nicht mehr um äußere Erfolge, sondern um seelische Reifung.

Die innere Haltung

Was nun das Sinnerleben im Alltag angeht, betont Frankl immer wieder, dass das individuell ist, es darum geht, den Sinn und die Herausforderung einzelner Situationen und Lebenslagen zu finden und entsprechend zu handeln. Gleichzeitig nennt er aber doch auch ein übergreifend sinnstiftendes Thema: Er spricht von *Monanthropismus* und meint damit, dass alle Menschen auf dieser Erde eine Schicksalsgemeinschaft sind, dass alle gleich sind, alle dieselben Grundbedürfnisse besitzen.[36] Aus diesem Bewusstsein der Verbundenheit heraus kann es auch für die privilegiert Aufgewachsenen ein sehr sinnvolles Unterfangen sein, sich aktiv für die Verbesserung der Lebensbedingungen anderer einzubringen, sich etwa gegen Hunger, für Umweltschutz, für soziale Gerechtigkeit und die Wahrung von Menschenrechten zu engagieren. Aber neben diesen großen Themen finden viele Menschen auch eine Sinnerfüllung über ehrenamtliches Engagement „um die Ecke“, wie etwa Nachbarschaftshilfe oder die Beteiligung an kleineren regionalen Projekten. So können rüstige RentnerInnen dem Nachbarkind regelmäßig bei den Hausaufgaben helfen, sich bei den Tafeln engagieren oder auch einem Tierheimhund Auslauf ermöglichen. Mit Sinn erfüllen werden solche Aktivitäten allerdings nur diejenigen, die dafür eine echte innere Motivation besitzen, die ihre Kraft altruistisch für andere einsetzen. Wer sich durch seine Aktivitäten lediglich selbst erhöhen möchte, sie quasi von oben herab gewährt oder wer dadurch eine eigene Bedürftigkeit zu überspielen versucht – wie es oft beim sogenannten Helfersyndrom der Fall ist –, wird zwar seine egoistischen Ziele befriedigen, ein Gefühl von Sinn wird sich aber nicht einstellen. Gleiches gilt für das Berufsleben. Wer seine Tätigkeit als sinnvoll erlebt, beispielsweise weil er Leiden mildern oder auch Freude bereiten kann, der wird eine innere Zufriedenheit spüren, die derjenige, der es nur für Geld oder Ansehen tut, nicht kennt. Es kommt immer auf die innere Haltung an.

Herausforderung Freizeit

Die Frage nach der Sinnhaftigkeit des eigenen Handelns stellt sich heute in unseren westlichen Gesellschaften auch deshalb, weil viele ein hohes Maß an Freizeit besitzen.

Früher war das Leben so durch Arbeit ausgefüllt, dass für die Frage nach dem Sinn wenig Zeit und Energie übrig blieb. Außerdem übernahmen damals viele die vorgegebenen Antworten der Kirche. Heute leben wir hingegen in einer Periode mit viel frei verfügbarer Zeit, was eigentlich ein Segen sein sollte. Aber es ist eben „nicht nur eine Freizeit von etwas, sondern auch eine Freizeit zu etwas."[37] Diese Zeit möchte gefüllt werden, andernfalls entsteht Langeweile. Und tatsächlich hält unsere Konsum- und Spaßgesellschaft so einiges an Unterhaltungsmöglichkeiten vor. Laut Frankl können die uns aber kein Sinnerleben und noch weniger eine beständige Zufriedenheit bringen: Denn Glück ist ein Nebenprodukt von Sinn, es stellt sich automatisch ein – als Folge davon, dass man seine Kraft und Energie für etwas Sinnvolles eingesetzt hat. Wenn man hingegen Glück ohne die vorherige sinnvolle Anstrengung erreichen will, quasi über eine Abkürzung, über etwas, das nur passiv konsumiert wird, dann bleibt das Erleben schal.[38] Diese Erfahrung machen wir alle immer wieder. Wir suchen nach Genuss im Essen, im Anhäufen von Reichtümern, Erfolgen, Statusobjekten usw. Aber das, was Glück verspricht, solange es noch nicht eingetreten ist, verliert sehr schnell seine beglückende Wirkung, wenn es erreicht ist. Wenn wir hingegen Zeit in Aktivitäten investieren, die über unser kleines Ego hinausweisen, es transzendieren, die uns mit Größerem verbinden, die auch anderen zugutekommen, dann kann sich innere Zufriedenheit einstellen, die bleibt. So ist vielleicht auch das Sprichwort zu verstehen, dass uns nur das bleibt, was wir gegeben haben.

Psychotherapie und Religion

Der humanistische Ansatz zeigt uns deutlich auf, was uns vom Affen unterscheidet: unsere Suche nach Sinn und Transzendenz. Und so äußert sich Viktor Frankl auch zum Thema Religion. Er trennt sie klar von der Psychotherapie. Die Suche nach dem Sinn konkreter Lebenserfahrungen fällt dabei in die Zuständigkeit der Therapie, sie ist außerhalb des religiösen Bereichs zu verorten. Gleichwohl kann man aber dorthin vorstoßen, wenn man nach dem *letzten Sinn*, dem Sinn des Lebens schlechthin fragt. „Die Dimension, in die der religiöse Mensch vorstößt, ist eine höhere, will heißen umfassendere, als die Dimension, in der sich so etwas wie Psychotherapie abspielt."[39] Das Ziel Letzterer sei seelische Heilung, das Ziel der Religion jedoch sei das Seelenheil.

Kommen wir zurück zur Ausgangsfrage: Was ist der Mensch?

Zum einen ist er ein Informationen verarbeitendes und lernendes Wesen, das dadurch auch von außen gesteuert werden kann, wie der behavioristische Ansatz aufgezeigt hat, der in die heutige Kognitive Psychologie einmündete. In diesem Menschenbild unterscheidet uns vom Affen tatsächlich nur unser Denkvermögen. Zum anderen besitzt der Mensch unbestreitbar biologische Triebe und ist unbewussten Dynamiken unterworfen. Beides motiviert und beeinflusst sein Handeln oft genug, wie wir es in der tiefenpsychologischen Literatur beschrieben finden. Mit der Annahme des Unbewussten kommen wir dabei schon näher an das Menschliche heran. Wirklich human wird es aber erst im dritten Paradigma, das sich ja auch genau so genannt hat. Dort erfahren wir, dass wir Lebewesen sind, die nach Transzendenz und Sinn suchen – was uns tatsächlich deutlich vom Affen unterscheidet.

Aber es kommt noch etwas hinzu. Bei allen Vorgaben und Zwängen von innen und außen, durch unsere Konditionierungen, Triebe und das Unbewusste, besitzen wir auch eine Instanz, die sich diese Gegebenheiten bewusst machen und sie *beobachten* kann, die dazu eine Haltung finden und sich dann selbstbestimmt für oder gegen Aktionen und Reaktionen entscheiden kann. Um es mit Viktor Frankls Worten zu sagen: Der Mensch ist „das Wesen, das immer *entscheidet*, was es ist. Er ist das Wesen, das die Gaskammern erfunden hat; aber zugleich ist er auch das Wesen, das in die Gaskammern gegangen ist, aufrecht und ein Gebet auf den Lippen.“[40] Auch das sind wir.

Sei du selbst die Veränderung,
die du dir wünscht für diese Welt.
Mahatma Gandhi

Kapitel 3

Philosophie und Mystik – was ist die Welt?

Es ist nun Zeit weiterzuziehen. Bisher haben wir uns ganz allgemein mit Wissenschaftlichkeit beschäftigt und bei PsychologInnen angefragt, was sie uns über das Wesen des Menschen sagen können. Dabei sind uns unterschiedliche Menschenbilder präsentiert worden. Und wie könnte es anders sein, liegen denen verschiedene Weltbilder zugrunde. Wir sind ja ein Teil dieser Welt. Wie ich mir den Menschen vorstelle, hängt davon ab, wie ich mir die Welt vorstelle. Deshalb ist jetzt der Moment gekommen, ExpertInnen für Weltsichten zu befragen. Und da gibt es für uns als Ansprechpartner zwei verschiedene Gruppen. Sie erscheinen auf den ersten Blick sehr unterschiedlich, haben aber doch dasselbe Anliegen. Ich spreche von PhilosophInnen auf der einen und MystikerInnen auf der anderen Seite. Beide stellen neben anderen auch metaphysische Fragen, möchten das Sein an sich verstehen. Ihre jeweiligen Herangehensweisen unterscheiden sich dabei allerdings beträchtlich. Der philosophische Weg folgt dem rationalen Erfassen, der mystische Weg führt durch eine Erweiterung des Bewusstseins. Diese zwei so andersartigen Erkenntniswege dennoch in einem gemeinsamen Kapitel zu behandeln, ist sicher ungewöhnlich. Aber wir möchten ja auch inspiriert werden. Wenn man immer in den vorgegebenen Kategorien bleibt, wird es schnell langweilig. Wagen wir uns also mutig an dieses Abenteuer heran. Im Übrigen werden wir dabei herausragende Persönlichkeiten unserer westlichen Geistesgeschichte kennenlernen, die es genauso gemacht haben. Auf ihren ganz individuellen und spannenden Lebenswegen konnten sie diese beiden unterschiedlichen Zugangsweisen für sich verbinden.

Starten wir zunächst bei den bekannten Philosophen des alten Griechenland, um dann zwei couragierte Frauen aus dem Paris des 20. Jahrhunderts zu besuchen. Dem Lügenbaron Münchhausen werden wir unterwegs ebenfalls begegnen. Freuen Sie sich auf eine illustre Gesellschaft!

Damals in Athen

Ein Mann im Kreise seiner Freunde. Man unterhält sich, tauscht Ideen aus, genießt das Beisammensein. Aber alle wirken traurig und bedrückt, bis eben auf diesen einen Mann, der das Zentrum ihrer Gemeinschaft zu sein scheint. Was geht da vor? Er spricht zu ihnen vom Vergänglichen und vom Ewigen: Das Vergängliche, zum Beispiel der menschliche Körper, ist zusammengesetzt und wird später zerfallen. Aber da ist auch noch die Seele, die wesenhaft ist und nicht zusammengesetzt, nicht zerstörbar. Wer sich zeitlebens auf diese Seele bezieht und konzentriert, der hält sie rein von den Einflüssen des Vergänglichen. So spricht Sokrates zu seinen Freunden und eigentlich ist es doch eine sehr schöne Botschaft. Warum sind dann trotzdem alle so traurig und in Unruhe?

Sie werden es vielleicht schon wissen. Die Szene hat sich in Athen 399 vor Christus zugetragen, nachdem der siebzigjährige Sokrates zum Tode verurteilt worden war. Durch seine Reden habe er die Jugend verdorben, so einer der Anklagepunkte. Besonders hatte er die Athener wohl mit seinem ständigen und beharrlichen Nachfragen gegen sich aufgebracht. Einer seiner Freunde hatte das Orakel von Delphi über ihn befragt und die Antwort der Pythia, dass es in Griechenland niemanden gebe, der weiser sei als er, hatte dazu geführt, dass Sokrates nicht nur sein eigenes Wissen infrage stellte, sondern auch das derjenigen, die ihm doch klüger und weiser als er selbst zu sein schienen. Am Ende war er zu dem Ergebnis gekommen, dass sie alle sich in der Sicherheit von Scheinwissen wähnten und er als einziger eben darum zu wissen schien. Er wusste zumindest, dass er nicht wirklich wusste, womit er den anderen demnach tatsächlich um dieses Wenige überlegen war.

Im Übrigen hat er selbst sich auch nicht als *Sophos*, als *Weisen*, bezeichnet, sondern vielmehr als *Philosophen*, als *Weisheitsliebenden* – als jemanden, der Weisheit als Ideal anstrebt, dabei aber weiß, dass er sie in seiner irdischen Existenz nicht erreichen wird. So ist das einzig sichere Wissen das um die Begrenztheit der menschlichen Erkenntnisfähigkeit. Die berühmte Inschrift am Apollon-Tempel in Delphi, *Erkenne-dich-selbst*, wurde oft in dieser Weise interpretiert. Zu einer weiteren Deutung später mehr.

Kehren wir zurück zu Sokrates im Gefängnis. Bis zur Vollstreckung seines Urteils blieben ihm noch dreißig Tage, in denen er bis zuletzt philosophische Gespräche mit seinen engsten Freunden führte – Platon berichtet uns darüber im *Phaidon*.[41] Da sind eben dieser Phaidon sowie Kebes, Kriton, Simmias und noch andere. Sie alle sind verzweifelt. Zuvor hatten sie Sokrates schon eine Fluchtmöglichkeit angeboten, doch er hatte abgelehnt, einfach abgelehnt, weil er sich an die Gesetze halten wollte. Und nun sitzt er hier inmitten seiner unglücklichen Freunde, den nahen Tod vor Augen und ist die Ruhe in Person. Wie kann das sein? Das fragen sie sich und auch ihn. Und ein letztes Mal führt Sokrates mit ihnen ein philosophisches Lehrgespräch. Er zeigt ihnen Gründe für die Unsterblichkeit der Seele auf und spricht dabei von den unvereinbaren Gegensätzen dieser Welt – etwa heiß und kalt, gerade und ungerade, lebendig und tot. Die verschiedenen Erscheinungen der Welt sollen sich diesen Kategorien sauber zuordnen lassen: So ist Feuer heiß und man wird es nicht auf die Seite der Kälte bringen. Und ebenso ist Eis kalt und man wird es nicht auf die Seite des Heißen bringen. Auch eine Drei wird man nie den geraden Zahlen zuordnen können und eine Vier nicht den ungeraden. Beim Seele-Körper-Verhältnis geht es nach Sokrates vor allem um die Kategorien von zusammengesetzt-vergänglich und wesenhaft-unvergänglich. Der Körper ist dabei dem Vergänglichen zuzurechnen und die Seele dem Unvergänglichen. Der Tod, wie wir ihn erleben, gehört zur Seite des Vergänglichen. Da die Seele aber der anderen Seite angehört, muss sie beim Tod des Körpers entweichen, um ihn zu überleben.

Kebes, einer der Zuhörer, wendet ein, dass die Seele sich beim Entweichen aber wie Rauch auflösen kann, statt ihre Einheit zu bewahren. Dagegen lässt Platon Sokrates folgendermaßen argumentieren: Alle Menschen kommen mit einem geistigen Vorwissen auf die Welt, sie tragen sogenannte *Ideen* als Urbilder aller Erscheinungen in sich, zum Beispiel die Idee der Hitze an sich, der Kälte an sich, der Zahl oder auch der Gleichheit oder Schönheit an sich usw. Unsere Sinneswahrnehmungen sind nur schwache Abbilder dieser geistigen Ideale. Nur weil die Seele – als beständige Einheit! – eine Ahnung von den Wesenheiten in ihrer idealen Ausprägung bereits bei der Geburt mitbringt, können wir Menschen uns durch die Sinneswahrnehmungen daran erinnern lassen, eine Assoziation herstellen. Und nur so können wir den in sich schwachen Sinneseindrücken eine Form und einen Sinn geben.

Platon gilt damit als bedeutender Vertreter einer idealistischen Metaphysik, die die Welt als im Kern geistig sieht. Ihr gegenüber steht eine materialistische Seinsauffassung, die das Materielle als Basis ansetzt, dazu später mehr.

Zunächst einmal stellt sich eine ganz andere Frage. Kann es wirklich sein, dass Sokrates allein durch vernunftgeleitete Gründe für die Unsterblichkeit der Seele seine Todesangst verloren hat? Ist das möglich? Platon lässt ihn im *Phaidon* ausführen, dass jemand, der sich im Leben mehr um die Kultivierung der Seele bemüht statt den Begierden des Körpers nachzugehen, dem Tod sogar freudig entgegensehen kann, weil die Seele dann endlich von der Last des Körperlichen befreit ist und nun zur reinen Erkenntnis gelangen, also die Ideen an sich schauen kann. Auch negative Gefühle und Ängste sieht er dem Körperlichen zugeordnet, sodass ein seelisch Kultivierter dadurch nicht beschwert ist.

Der Dialog *Phaidon* endet mit der Beschreibung von Sokrates' Tod: Er hat noch einmal gebadet, damit die Frauen nicht so viel Arbeit mit seinem Leichnam haben, hat sich von seiner Frau und den drei Söhnen verabschiedet, um dann ganz ruhig den Giftbecher zu leeren. Zunächst ist er, den Anweisungen des Wärters folgend, noch umhergegangen. Als die Beine ihren Dienst nicht mehr tun wollten, hat er sich der Anweisung gemäß auf den Rücken gelegt. Die durch das Gift erzeugte Taubheit ist dann im Körper hochgestiegen und er ist an Herzversagen gestorben.

Einige seiner Freunde, die zunächst noch einigermaßen tapfer waren, haben, nachdem Sokrates den Becher geleert hat, dann doch die Nerven verloren und laut geweint. Sokrates aber hat sich andächtige Ruhe für seinen Übergang gewünscht und es auch selbst so gehalten. Laut Platons Überlieferung hat er also bis zuletzt keine Todesangst gezeigt. Bei einigen seiner Freunde dagegen war es anders und sie hatten auch im Gespräch zuvor schon theoretische Einwände erhoben, die Sokrates jedoch mit den Mitteln der Philosophie ausräumte – den Mitteln der Vernunft und des Argumentierens. Am Ende stand sein logisches Gebäude zur Unsterblichkeit der Seele einwandfrei da.

Es bleibt aber die Frage, ob so eine Vernunfteinsicht genügt, um im Angesicht des Todes die Ruhe zu bewahren. Oder wussten Sokrates und Platon um die Existenz ihrer Seelen durch Erfahrungen jenseits des Vernunftdenkens? Bei jemandem, der seine Seele als etwas vom Körper Unabhängiges *spüren* kann, mag man glauben, dass die Todesangst schwindet. Damit kann spekuliert werden, dass Sokrates und Platon nicht nur die rationale Herangehensweise der Philosophie nutzten, sondern auch ein esoterisches Wissen besessen haben könnten, das jedoch nur mündlich an einen inneren Schülerkreis weitergegeben wurde.[42] Platons Dialoge enthalten dazu höchstens Andeutungen, diese Dialoge waren aber eben auch für die breite Öffentlichkeit bestimmt.

Sechshundert Jahre später

Anders bei Plotin. Mit ihm finden wir einen Philosophen, der sich in seinen Schriften explizit mit mystischen

Erfahrungen beschäftigt und ihnen einen hohen Stellenwert beimisst. Dabei waren seine Aufzeichnungen zunächst nur für einen inneren Schülerkreis gedacht, wurden von dort aus aber später veröffentlicht.

Plotin lebte ca. sechshundert Jahre nach Platon. Und so wie Sokrates und Platon zu den Begründern der abendländischen Philosophie überhaupt zählen, gilt Plotin als Hauptvertreter des sogenannten *Neuplatonismus*. Dieser Begriff entstand allerdings erst im 18. Jahrhundert, Plotin selbst hätte sich als reinen Platoniker bezeichnet. In seiner Philosophieschule in Rom las er mit seinen SchülerInnen Platons Texte und legte sie aus, das aber natürlich vor dem Hintergrund der weiteren Entwicklungen in der Philosophie. So etwa hatten sich alle späteren PhilosophInnen mit den Schriften des Aristoteles, Platons berühmtesten Schüler, auseinanderzusetzen.

Plotin lebte nun im 3. Jahrhundert nach Christus und war vermutlich ein Angehöriger der hellenistisch geprägten Oberschicht des Römischen Reichs. In Alexandria trat er mit achtundzwanzig Jahren in die Schule des Philosophen Ammonios ein und blieb dort ganze elf Jahre, wahrscheinlich bis zu dessen Tod. Er habe gezielt nach einem Lehrer wie Ammonios gesucht und sich von den damals bekannteren Philosophielehrern abgewandt, berichtet Plotins Schüler und Biograf Porphyrios.[43]

Ammonios war Platoniker, hat aber wie Sokrates keine eigenen Schriften hinterlassen, sondern sein Wissen nur an wenige Schüler direkt weitergegeben. Über Plotin und zwei weitere von ihnen wird berichtet, sie hätten sich verabredet, die Lehren des Ammonios nicht zu veröffentlichen, um sie vor Unverständigen zu schützen. Hier lässt sich wieder spekulieren, dass Ammonios neben dem rationalen Philosophen auch Mystiker gewesen sein könnte. Stellt sich doch für alle MystikerInnen das Problem, ihre Einsichten und Erfahrungen sprachlich nur andeuten zu können – wodurch diese verständlich eben auch nur für die LeserInnen werden, die selbst Ähnliches erlebt haben. Wer dagegen versucht, mystische Schriften rein rational zu verstehen, wird sie falsch interpretieren, womit das gefühlt Heilige der MystikerInnen dann Kritik und Spott ausgesetzt wäre. Aus genau diesem Grund haben viele MystikerInnen das geschriebene Wort gemieden oder Schriften nur für innere Kreise verfasst.

So war es auch zunächst bei Plotin. Mit etwa vierzig Jahren eröffnete er in Rom in einem großen Privathaus seine Philosophieschule, die grundsätzlich allen Interessierten offenstand, wobei es aber – wie auch schon in Platons Akademie in Athen – einen engeren und einen äußeren Kreis von SchülerInnen gab. In den ersten zehn Jahren unterrichtete Plotin nur mündlich, später dann verfasste er unterrichtsergänzende Schriften, die vor allem für den engeren Kreis seiner SchülerInnen gedacht waren, bei denen er ein entsprechendes Vorwissen und Verständnis voraussetzen konnte. Einer dieser Schüler, Porphyrios, fasste nach Plotins Tod dessen Schriften zu sechs Neuner-Gruppen zusammen, wodurch ihr Name *Enneaden, Neuner*, entstand. Diese Systematisierung und auch die einzelnen Überschriften stammen aber von Porphyrios, nicht von Plotin selbst.

Zusätzlich stellte Porphyrios der Schriftensammlung eine Biografie voran, sodass wir heute einiges über Plotins Leben als Philosoph wissen: Er hat vegetarisch und sexuell enthaltsam gelebt, möglichst wenig gegessen und geschlafen sowie die öffentlichen Bäder gemieden. Außerdem ist er sehr hilfsbereit gewesen, hat zum Beispiel Waisen in sein Haus aufgenommen und gut für ihre Erziehung gesorgt, ohne ihr Vermögen anzugreifen.

Mit Sokrates hat Plotin gemein, dass ein Freund das Orakel von Delphi über seinen Stellenwert in der philosophischen Welt befragte. Bei Plotin geschah das allerdings erst nach seinem Tod und die Antwort gefiel seinen Schülern und Schülerinnen sehr. Die Pythia gab an, dass Plotins Seele schon im Leben das göttliche Licht geschaut habe und deshalb nicht in einem menschlichen Körper wiedergeboren werden musste. Er sei direkt in die göttliche Sphäre übergegangen.

Vom Einen

Was ist nun das Besondere an Plotins Philosophie?

Seine Metaphysik unterscheidet – vereinfacht dargestellt – drei Seinsbereiche. Da ist zunächst einmal die sinnlich erfahrbare Welt, darüber steht die geistige Welt mit den platonischen Ideen und dem Seelischen und darüber gibt es noch etwas, nämlich das Eine.[44] Plotin nennt das, was über oder jenseits von allem steht, das *Eine*, sagt aber gleichzeitig, dass er ihm eigentlich keinen Namen geben dürfte, da es sich dem menschlichen Denken und damit auch der Sprache vollkommen entziehen würde. Man könnte es auch *das Unsagbare* nennen.[45] Gemeint ist damit der ewige Urgrund allen Seins, der aber nicht wie die anderen beiden Seinsebenen in Gegensätze aufteilbar sein darf. Denn mit den Gegensätzen kommt die Vielheit und mit der Vielheit kommt die Vergänglichkeit.[46] Das Eine dagegen ist einfach nur es selbst, ohne Unterscheidungen in sich. So hat es auch keine Selbstkenntnis, da das zur Unterscheidung von einem Subjekt, das erkennt, und einem Objekt, das erkannt wird, führen würde. Damit wäre schon wieder der erste Schritt in die Zweiheit und im Folgenden dann auch in die Vielheit getan. Das Eine aber muss ewig stabil in sich sein, um auch weiterhin die vergängliche Welt in ihrer Vielheit hervorbringen und ihr Vergehen überleben zu können. Nur so ist es laut Plotin als Ewiges konzipierbar.

Unser Denken dagegen ist immer dualistisch, damit können wir uns nur auf den unteren beiden Seinsebenen bewegen. Die höchste Ebene des Seins ist lediglich als Negation von allem uns Bekannten denkbar, als Nichts – aber einem Nichts in extremer Seinsfülle –, was für unseren Verstand paradox und nicht fassbar ist. Trotzdem haben wir, so Plotin, die Möglichkeit, kurze Augenblicke der Berührung mit dieser höchsten Seinsebene zu erreichen. Und hier kommt eben die Mystik ins Spiel. Das griechische Wort *myein* bedeutet *die Augen schließen* und nur, wenn man in der Lage ist, die äußeren Augen und das Denken zu schließen, leer zu werden, hat man eine Chance auf kurze Momente des Kontaktes mit dem Einen. Mit Plotins eigenen Worten: „… auf all das verzichten und überhaupt nicht mehr sehen, sondern die Augen gleichsam schließen und dafür ein anderes Sehvermögen eintauschen, d. h. aufwecken, eines, das zwar jeder besitzt, von dem aber nur wenige Gebrauch machen."[47]

Zu dem Einen findet man einen Zugang nur „durch ein Gegenwärtigsein, das stärker als Wissen ist. Sobald die Seele von irgendetwas Wissen erlangt, bedeutet das für sie, dass sie vom Einssein getrennt wird, d. h., sie ist nicht mehr gänzlich eins: Denn Wissen ist rationales Erkennen, und was rational erkennbar ist, ist vieles. Sie verfehlt also das Eine und stürzt ab zur Zahl und zur Vielheit."[48] Damit ist auch klar, dass die mystischen Erfahrungen des Einen sprachlich nicht dargestellt werden können. Lediglich der Weg dorthin kann beschrieben werden. „Denn die Belehrung beschränkt sich auf den Weg und die Reise; das Schauen ist dann Aufgabe desjenigen selbst, der sich zu sehen entschlossen hat."[49]

Erwachen und Verschmelzen

Die kurzen Momente der Berührung mit dem Einen bezeichnet Plotin als *Erwachen*. Man komme dorthin durch *Ekstasis*, ein *Heraustreten aus sich selbst*, ein Herausgehen aus allem Bekannten, aus den üblichen Wahrnehmungs- und Denkvorgängen. „Dir ist nichts im Weg bei diesem deinem Einswerden, d. h. dir selbst ist innerlich nichts anderes mehr beigemischt; sondern du bist ganz du selbst, nichts als wahres Licht, das keinem Maß räumlicher Größe unterworfen ist."[50] Das wäre Plotins Antwort auf das *Erkenne-dich-selbst* aus Delphi. Das wäre seine Antwort auf unsere Frage nach dem menschlichen Wesenskern.

Seine Aussagen erinnern an die Lehren Gautama Buddhas. Auch er sprach von Erwachen. Seine Schüler hielt er an, nichts einfach zu übernehmen und zu glauben, sondern alles zu hinterfragen und dann in der Meditation für sich zu prüfen – sogar das, was er als Buddha, der Erleuchtete, gesagt hat. Jeder muss selbst schauen. Lehrer können nur den Weg dorthin weisen, aufzeigen, wie man durch eine gute Lebensführung und Meditationspraxis dorthin kommt.

Tatsächlich hatte Plotin sich einige Zeit im Gefolge des Kaisers Gordian bei dessen Feldzügen in Persien aufgehalten. Es ist gut möglich, dass er mit Buddhas Lehre in Kontakt gekommen ist, auch mit anderen asiatischen Weisheitslehren. Und auch Platon hatte zuvor schon Reisen in diese Regionen unternommen, wie es für damalige Philosophen wohl zum guten Ton gehörte. Ob es nun tatsächlich einen geistigen Austausch zu metaphysischen Themen zwischen diesen verschiedenen Kulturen gegeben hat, oder ob Denker verschiedener Orte und Zeiten zu ähnlichen Ergebnissen kommen, weil die Fragen nach Transzendenz und dem Absoluten genuin menschlich, eine anthropologische Konstante sind, ist ungeklärt.

Sufis, die Vertreter der islamischen Mystik, nähern sich dem Absoluten auf dem Weg der Liebe, dem Herzensweg. Auch davon spricht Plotin: Der deutende, denkende, intentionale Geist unterteilt die Welt. Der liebende Geist dagegen sucht unterschiedslose Einheit, er will verschmelzen, sucht die *unio mystica,* wie wir es heute nennen. Und wie auch die Sufis und überhaupt eigentlich alle MystikerInnen sagt Plotin klar, dass alles über das Eine Gesagte nur dunkle Andeutung ist. Aber die Abgrenzung des Einen von den anderen beiden Seinsbereichen des Sinnlichen und des Geistigen und deren Beschreibung ist sehr wohl rational und sprachlich möglich. Und auch zu diesen Bereichen äußert Plotin sich umfangreich und differenziert. Somit ist seine Metaphysik unterteilt in den Teil des Seins, der mit philosophischen Mitteln gut zu beschreiben ist, und den Teil des Seins, der mit diesen Mitteln eben nur angedeutet werden kann. Plotin ist es gelungen, mit der vernunftgeleiteten Sprache der Philosophie eine Brücke zwischen der rationalen und der mystischen Herangehensweise zu schlagen. Er selbst soll in den sechs gemeinsamen Jahren mit seinem Biografen Porphyrios vier mystische Erfahrungen der Verschmelzung mit dem Einen erlebt haben.

Plotins Einfluss auf unser abendländisches Denken ist nicht zu unterschätzen. So wurden seine metaphysischen Herangehensweisen – in der Weiterführung durch Porphyrios – für die Entwicklung der christlichen Trinitätslehre genutzt, und das, obwohl Porphyrios als scharfer Kritiker des Christentums bekannt war, eine der „merkwürdigsten Ironien der Geschichte."[51] Etwa eintausend Jahre nach Plotin, im 13. Jahrhundert, bezog sich dann der Kirchenlehrer und Mystiker Meister Eckhart auf ihn und übernahm seine Idee, dass die Seele sich aus sich selbst heraus mit dem Absoluten verbinden kann. Dazu später mehr.

Baron Münchhausen

Gehen wir noch einmal auf philosophische Grundbegriffe zurück.

Die Metaphysik, auch Ontologie, fragt danach, was die Welt in ihrem Ursprung ist, sie fragt nach dem Sein an sich. Die Erkenntnistheorie, auch Epistemologie, befasst sich nachfolgend damit, was von der jeweils metaphysisch konzipierten Welt erkannt werden kann. Mit Platon und Plotin habe ich Ihnen bisher Vertreter *idealistischer* Ansätze vorgestellt, die davon ausgehen, dass die Welt primär geistig ist und wir sie im Kern nur auf geistig-immateriellen Wegen erkennen können. Aus solchen Ansätzen ist Transzendenz sinnvoll ableitbar und sie sind mit Theologie und Mystik vereinbar. Dem gegenüber stehen *materialistische* Ansätze, die die Welt aus Atomen, kleinen materiellen Teilchen, zusammengesetzt sehen. Sie gehen davon aus, dass sich Bewusstsein im Laufe der Evolution als Epiphänomen entwickelt hat – ich werde das im folgenden Kapitel noch ausführlich darstellen. In der materialistischen Weltsicht kann Bewusstsein nur auf einer stofflichen Grundlage bestehen. Wenn diese sich mit dem leiblichen Tod wieder auflöst, verschwindet auch das zugehörige Bewusstsein. Etwas Transzendentes, gar Göttliches, gibt es in diesem Ansatz nicht.

In der Geschichte der Philosophie hat es die verschiedensten Positionierungen innerhalb des metaphysisch-erkenntnistheoretischen Feldes gegeben. An einem Ende findet sich zum Beispiel der *naive Realismus*, der unserem Alltagsdenken entspricht. Er geht davon aus, dass es eine objektive Realität gibt, die wir direkt und unverfälscht mit unseren Sinnen wahrnehmen können. Die Dinge würden sich dort eins zu eins abbilden. Auf der anderen Seite des Spektrums finden wir den *Solipsismus,* der nur das individuelle einzelne Bewusstsein als sicher annimmt. Das Ich gilt dort als eine abgeschlossene subjektive Welt und kann nicht wissen, ob es außerhalb von ihm überhaupt etwas gibt – vielleicht ist alles nur seine eigene Einbildung.

Aber welchem philosophischen Ansatz man auch zuneigt, ein Problem haben sie alle, nämlich das der *Letztbegründung.* Egal, wie subjektiv überzeugt die einzelnen VertreterInnen von ihrem Ansatz sind, wenn sie ihn SkeptikerInnen beweisen, ihn rechtfertigen wollen, stoßen sie alle an ihre Grenzen. Der kritische Rationalist Hans Albert (gest. 2023) nennt diesen Umstand *Münchhausen-Trilemma.* Wie besagter Lügenbaron müssten wir uns quasi am eigenen Schopf aus dem Sumpf ziehen, wenn wir diese Aufgabe lösen wollten. Dabei zeigt Hans Albert drei grundsätzliche Wege auf, Letztbegründungen von Theorien zu versuchen – die allerdings alle drei nicht zum gewünschten Ziel führen können. So sind am Ende „alle Sicherheiten in der Erkenntnis (…) selbstfabriziert und damit für die Erfassung der Wirklichkeit wertlos.“[52]

Die erste Herangehensweise des Trilemmas besteht darin, in den Begründungen immer weiter zurückzugehen, jeden angeführten Grund danach wieder begründen zu wollen. Dadurch entsteht eine unendliche Begründungskette, ein infiniter Regress, man kommt zu keinem Ende. Der zweite Weg entwirft eine Begründungskette, die zirkulär angelegt ist, kommt also auch nicht an einen letzten Grund. Als pragmatische, letztlich resignative Möglichkeit bleibt nur, die Begründungskette an einem selbst gewählten Punkt abbrechen zu lassen. Albert bezeichnet diesen Abbruch als *dogmatisch*. Wir kommen nicht umhin, den Grundstein für unser Theoriegebäude irgendwo gezielt zu setzen, ohne diese Setzung weiter begründen zu können. Und so gehen die einen eben davon aus, dass am Anfang die Materie steht, die Bewusstsein hervorbringt – und andere sehen das Geistige als primär, das die Materie erzeugt oder als übergeordnete Instanz beherrscht. Oder man geht in die Indifferenz, bezeichnet sich als Skeptiker und lässt diese Frage offen. Interessant ist aber, dass wir Menschen diese uns übersteigende Frage schon immer gestellt haben und auch immer wieder neu stellen. Sie ist genuin menschlich, auch wenn sie – zumindest auf rationalem Weg – nicht erfolgreich beantwortet werden kann.

Anders bei den MystikerInnen, die ebenfalls nach dem Urgrund von allem suchen. Wenn ihnen tiefe mystische Erfahrungen zuteilwerden, erleben sie das als ausreichende Antworten, das Fragen hört dann auf. Nur sind diese Antworten eben ausschließlich für sie selbst evident, können anderen nicht mitgeteilt, schon gar nicht bewiesen werden. Letztlich kommt niemand umhin, diese Fragen für sich selbst zu beantworten und das wohl spätestens im Angesicht des Todes.

Der bekannte hypnosystemische Therapeut Gunther Schmidt hat in einem Workshop seine ZuhörerInnen einmal zu einem Selbstversuch eingeladen.[53] Sie sollten sich konzentriert hineinfühlen zunächst in die Vorstellung, dass nach dem Tod einfach Schluss ist und danach darin, dass sie eine unsterbliche Seele besitzen. Anschließend empfahl er, jeder möge sich für die Vorstellung entscheiden, mit der er sich wohler gefühlt hat. Er selbst präferierte die Idee eines Weiterlebens nach dem Tod und hat sich deshalb ganz pragmatisch dafür entschieden. Sicher wissen kann es zu Lebzeiten sowieso niemand, aber es sei doch klug, mit der Vorstellung zu leben, die einem aus der Intuition heraus angenehm und stimmig erscheint. Hier geht es nicht um Wissen, sondern um eine persönliche Entscheidung.

Die beiden Simones

Begleiten Sie mich nun nach Frankreich. Dort lebten zur Zeit des Zweiten Weltkriegs zwei junge Philosophinnen, die diese Entscheidung deutlich unterschiedlich fällten. Sie entwickelten trotz ähnlichen Umfelds fast entgegengesetzte Weltbilder und Lebensweisen.

Beide wurden Anfang des 20. Jahrhunderts in Paris mit nur einem Jahr Abstand zueinander in gutbürgerlichen Verhältnissen geboren – Simone de Beauvoir (gest. 1986) in einer konservativ-katholischen und Simone Weil (gest. 1943) in einer areligiös-jüdischen Familie. Beide Familien waren bildungsorientiert und sowohl Simone de Beauvoir als auch Simone Weil zeichneten sich früh durch eine hohe Intelligenz, eigenständiges Denken und sehr gute Leistungen in Schule und Studium aus. Beide studierten Philosophie und arbeiteten nach ihrem Abschluss als Lehrerinnen, bis die eine schließlich suspendiert wurde, weil sie Jüdin war und die andere, weil sie sexuelle Beziehungen mit noch minderjährigen ehemaligen Schülerinnen unterhielt.[54]

Sehen wir zunächst auf Simone de Beauvoir. Ihr Leben nahm die entscheidende Wende, als sie mit einundzwanzig Jahren ihren Kommilitonen Jean-Paul Sartre kennenlernte, mit dem sie eine lebenslange, über viele Jahre sexuelle, aber vor allem immer auch geistige Partnerschaft einging. Sie führten ein Leben zwischen den einfachen Hotels, wo sie getrennt voneinander Quartier bezogen, und den Intellektuellen-Treffs in den angesagten Pariser Cafés, bei denen Sartre strahlender Mittelpunkt war. Und wenn auch stets er als Begründer des *französischen Existenzialismus* genannt wird, hat er diesen philosophischen Ansatz doch durchgängig im Austausch mit Simone de Beauvoir entwickelt.

Frei von Sinn und Gott

Sartre und de Beauvoir sehen – beeinflusst durch Husserl, Heidegger und Hegel – den Menschen als zufällig in die Welt geworfen. Einen vorgegebenen höheren Sinn oder gar ein höheres Wesen lehnen sie als Illusion ab. Erst das Erkennen und Ablegen dieser Illusion führt ihrer Meinung nach in die Freiheit: die Freiheit, das eigene Leben in seiner Zufälligkeit und Sinnlosigkeit anzunehmen und es gerade aus diesem Bewusstsein heraus selbstbestimmt zu führen. Jeder Mensch muss dabei abseits vorgefertigter Schubladen und Kategorien einen ganz eigenen, aufrichtigen Lebensentwurf erschaffen. Nur so kann er zu seiner bloßen Existenz eine *Essenz* dazugewinnen.[55] Mit dem Tod vergeht all dies zwar wieder, aber die Würde eines authentisch geführten Lebens bleibt erhalten. Das ist alles, was man in dieser Weltsicht erreichen kann.

Der Existenzialismus ist damit diesseitig, materialistisch und atheistisch. Dem entsprach auch die Lebensweise von Simone de Beauvoir und Jean-Paul Sartre – beide ursprünglich verbeamtete Gymnasiallehrer, die erst später von ihren literarischen Arbeiten leben konnten. Sie versuchten, dieses kurze Leben hedonistisch auszukosten, nicht zuletzt auch in vielen Affären und Dreierbeziehungen. Für die aus streng-katholischem Elternhaus stammende Simone de Beauvoir war gerade auch sexuelle Freiheit ein hoher Wert. Ihr Buch *Das andere Geschlecht*[56] zeigt auf, wie Frausein gesellschaftlich-patriarchal konstruiert und aufoktroyiert wird und gilt als Gründungsdokument des modernen Feminismus.

Aber das Loslassen der Illusion eines Höheren schenkt nicht nur Freiheiten, es erfordert auch den Mut, in den Abgrund der eigenen Endlichkeit und Beliebigkeit zu sehen. Es verlangt einem auch ein Leben ohne letzten Halt ab. Vielleicht auch deshalb hatten sowohl Simone de Beauvoir als auch Jean-Paul Sartre immer wieder mit Depressionen und übermäßigem Alkoholkonsum zu kämpfen. Ihr Lebenskonzept stellte das eigene Bewusstsein, die eigene Entwicklung und die Erfüllung der eigenen Bedürfnisse in den Mittelpunkt, war erklärtermaßen egozentrisch. In Sartres Veröffentlichungen werden die anderen sogar als Bedrohung des eigenen Ich, der eigenen Freiheit gesehen.

Simone de Beauvoir allerdings löste sich später von dieser extremen Haltung. Sie erkannte, dass nicht alle Menschen im selben Maße frei sind in der Erschaffung von Lebensentwürfen. So hatten Frauen durch vorgegebene gesellschaftliche Beschränkungen grundsätzlich weniger Möglichkeiten der Selbstverwirklichung – und dasselbe galt für Menschen in schwierigen sozialen Verhältnissen oder auch politischer Unterdrückung, wie sie etwa im Zuge der Kolonialisierung geschah.

Simone de Beauvoir entwickelte – als eigenständige Leistung – eine existenzialistische Ethik. Sartre hatte ein entsprechendes Vorhaben zwar angekündigt, dann jedoch nicht mehr eingelöst. Sie realisierte, dass es neben ihrem eigenen Bewusstsein noch sehr viele andere Bewusstseine gibt, die doch ebenso wie sie in die Welt geworfen sind, ebenso ein Recht auf Freiheit haben, irgendwie auch mit ihr in Beziehung stehen. Es geht nicht nur darum, die eigene Existenz handelnd zu ergreifen, sondern auch darum, die Existenz der anderen anzuerkennen. Und man braucht sich gegenseitig, gibt sich Impulse und Hilfestellungen. Simone de Beauvoir nennt diesen Umstand *metaphysische Solidarität*, spricht von einer „Neuentdeckung für mich, die ich Solipsistin war."[57]

Gewölbe ohne Pfeiler?

Simone de Beauvoir wandte sich also vom absoluten Egozentrismus Sartres ab. Nach wie vor kann man nicht wissen, was in den anderen vorgeht, aber man teilt doch das

Schicksal der bodenlosen Existenz mit ihnen, geht dazu auch in Austausch – sollte daran mitarbeiten, dass auch andere die Möglichkeit für ein selbstbestimmtes Leben erhalten: „Unsere Freiheiten stützen sich gegenseitig wie die Steine eines Gewölbes, das allerdings von keinem Pfeiler getragen wird."[58] Und hier ist der große Unterschied zu Simone Weil. Der Idee des Gewölbes, des gegenseitigen Stützens hätte sie unbedingt zugestimmt. In ihrem Weltbild jedoch gab es unter diesem Gewölbe einen tragenden Pfeiler, gab es das Göttliche.

Simone de Beauvoir war in einer streng katholischen Familie aufgewachsen und erlebte ihre Hinwendung zum Atheismus als Befreiung. Simone Weil ging den umgekehrten Weg. Ihre Familie fühlte sich humanistischen Werten verpflichtet und vertrat dabei einen erklärten Agnostizismus. Die Frage nach Gott könne mit dem Verstand nicht beantwortet werden und solle deshalb gar nicht erst gestellt werden. Und so unterließ Simone Weil es denn auch, zeigte jedoch gleichzeitig schon sehr früh eine starke Empathiefähigkeit und ein ausgeprägtes Gerechtigkeitsempfinden, besonders in sozialen Fragen. Später sollte sie dazu sagen, dass dieses Gerechtigkeitsempfinden schon immer der christlichen Nächstenliebe entsprochen habe, ohne dass sie es so genannt hätte.

Die rote Simone

Sehen wir uns nun das spannende Leben von Simone Weil näher an.

Zunächst hatte ihr soziales Interesse sie zu Marx und Lenin geführt, mit deren Lehren sie sich intensiv bereits seit ihrer Schulzeit beschäftigte. Sie kam aber letztendlich zu dem Schluss, dass hier an die Stelle des Opiums Religion das Opium Revolution tritt. Die Situation der einzelnen Menschen verbessere sich im Kommunismus in keiner Weise, sie würden dort lediglich unter anderen Vorzeichen ausgebeutet. Zu dieser Einschätzung war sie auch durch eigene Erfahrungsexperimente gelangt. Sie wollte als Sozialistin und Gewerkschaftsaktivistin – an der Universität hatte sie den Spitznamen *Rote Simone* – nicht nur theoretisch über die Köpfe der Betroffenen hinweg fabulieren, sondern wünschte, deren Erfahrungswelt zu teilen. Deshalb ließ sie sich ein Jahr von ihrer Lehrerinnentätigkeit beurlauben, um in verschiedenen Fabriken als Hilfsarbeiterin tätig zu werden. Dort erfuhr sie am eigenen Leib, wie die stupide und erschöpfende Arbeit das Denkvermögen beeinträchtigt, wie sie ermüdet und abstumpft, aber auch, wie es trotzdem immer wieder zu Hilfsbereitschaft unter den Arbeitenden kam.

Besonders Simone Weil, schmächtig und stark kurzsichtig, hätte es ohne die Unterstützung anderer an ihrem Arbeitsplatz auch gar nicht schaffen können. Zudem fiel sie oft durch Krankheit aus, konnte die geforderten Stückmengen ohnehin nicht liefern. Überhaupt war sie ihr ganzes Leben kränklich, kämpfte vor allem immer wieder mit starken Kopfschmerzen, die auch durch Medikamente nicht zu lindern waren. Und so sehr Sartre und de Beauvoir körperliche Vergnügen suchten, so sehr mied Weil diese. Schon als Kind hatte sie wenig essen wollen, war dieser asketischen Haltung ihr Leben lang treu geblieben, ließ auch immer wieder Todessehnsucht durchblicken. Außerdem behielt sie von ihrem Lehrerinnengehalt nur das Nötigste für sich und gab den Rest an Ärmere. Ihre wohlhabenden Eltern machten sich oft Sorgen und steckten heimlich Geld in ihre Taschen.

Simone Weil war extrem altruistisch, belegte die Gegenposition zum egozentrischen Hedonismus der Existenzialisten. Die beiden Simones wussten voneinander und nahmen auch Bezug. Simone Weil war einmal öffentlich in heftiges Weinen ausgebrochen, als sie von einer Hungersnot in China erfahren hatte. Simone de Beauvoir wiederum hatte davon gehört und war beeindruckt von dieser übergroßen Empathiefähigkeit. In einem späteren Gespräch der beiden Philosophiestudentinnen über Revolutionen und Hungersnöte kommentierte Simone de Beauvoir, dass die betroffenen Menschen doch wohl vor allem lernen müssten, einen Sinn für ihre Existenz zu finden. Sie erhielt eine deutliche Abfuhr. Man könne ihrer Antwort entnehmen, dass sie noch niemals gehungert habe. Später kritisierte Simone Weil am existenzialistischen Ansatz, dass er diesseitigen Egoismus befördere. Sie selbst hingegen sah sich an der Seite der Schwachen und Leidenden.

Ausführlich beschäftigte Simone Weil sich auch mit den Mechanismen von Krieg und Gewalt, beschrieb etwa, wie die Seele dadurch versteinert, und das auf beiden Seiten – bei dem, der Gewalt erleidet, aber auch bei dem, der sie ausübt.[59] Und obwohl sie überzeugte Pazifistin war, wollte sie trotzdem im Spanischen Bürgerkrieg mitkämpfen, aus moralischen Gründen. Ihr Aufenthalt dort dauerte jedoch nicht lange an, weil sie aufgrund ihrer starken Kurzsichtigkeit in ein Gefäß mit siedendem Öl getreten war und sich schwere Verbrennungen zugezogen hatte. Ihre Kameraden waren recht erleichtert, hatten sich sowieso dagegen ausgesprochen, dass man ihr eine Waffe in die Hand gibt, da sie Sorge hatten, von der ungeschickten Simone Weil aus Versehen selbst erschossen zu werden.

Kopfschmerzen, Kunst und Mystik

Simones Körper war nicht gerade leistungsfähig, ihr Geist dafür umso mehr. Und auch ihr Sinn für die Schönheit in Kunst und Natur war ausgeprägt. Auf zwei längeren Italienreisen lauschte sie Opernaufführungen, vertiefte sich stundenlang in Gemälde und sakrale Gesänge, fand darin vor allem auch Linderung ihrer Kopfschmerzen. In einer kleinen Kapelle, in der Franz von Assisi oft gebetet hatte, erlebte sie, dass etwas, größer als sie selbst, sie auf die Knie zwang – eine ihrer ersten mystischen Erfahrungen.

Ein Jahr später besuchte sie in der Karwoche alle Gottesdienste der Benediktinerabtei Solesmes, berühmt für ihre gregorianischen Gesänge. Simone wurde zu dieser Zeit von besonders starken Kopfschmerzen gepeinigt, aber es gelang ihr während einer Messe, mit „äußerste(r) Anstrengung der Aufmerksamkeit aus diesem elenden Fleisch herauszutreten, es in seinen Winkel hingekauert allein leiden zu lassen und in der unerhörten Schönheit der Gesänge und Worte eine reine und vollkommene

Freude zu finden."[60] Auch das beständige Rezitieren eines Gedichtes über die Liebe hatte ihr bei Schmerzattacken immer wieder gute Dienste geleistet, bis es dabei eines Tages – von ihr vollkommen unerwartet – zu einem Kontakt mit Christus kam. Sie spürte durch das Leiden hindurch die Gegenwart einer Liebe, „gleich jener, die man in dem Lächeln eines geliebten Antlitzes liest."[61]

Sie übte sich weiter in der Methode der „unbedingten Aufmerksamkeit", sodass später bereits die ersten Worte des auf Griechisch und in dieser Konzentration gesprochenen Vaterunsers bewirken konnten, „meinen Geist aus meinem Leibe (zu reißen) und ihn an einen Ort außerhalb des Raumes (zu versetzen), wo es weder eine Perspektive noch einen Blickpunkt gibt."[62] An diesem Ort erlebte sie eine Unendlichkeit und ein „Schweigen, das nicht die Abwesenheit des Klanges ist, sondern das der Gegenstand einer positiven Empfindung ist, sehr viel positiver als die eines Klanges." Manchmal war in diesen Augenblicken auch wieder Christus in Person anwesend, „jedoch mit einer unendlich viel wirklicheren, durchdringenderen, klareren und liebevolleren Gegenwart als jenes erste Mal, da er mich ergriffen hat."[63]

Bei allem betonte Simone Weil, dass sie bildhafte Beschreibungen von Wundern oder mystischen Erfahrungen stets sehr kritisch gesehen, auch keine MystikerInnen gelesen habe. Der Gegenstand ihrer Suche sei immer die Welt gewesen, nicht das Übernatürliche. Aber sie habe sich von Gott finden lassen und das sei der einzige Weg. Sich selbst eine Vorstellung vom Übernatürlichen zu machen und diese Vorstellung dann anzustreben, könne dagegen nicht funktionieren, denn „das Übernatürliche ist das Licht. Man darf es nicht wagen, es zu einem Gegenstand zu machen; sonst erniedrigt man es."[64]

Krieg und Verwurzelung

Wir wissen von den mystischen Erfahrungen Simone Weils, weil sie dem blinden Dominikanerpater Joseph-Marie Perrin in Briefen davon berichtete. Nur weil der Abschied bevorstand und ein Wiedersehen unwahrscheinlich war, wollte sie ihm diese intimen Dinge nicht vorenthalten, wollte ihn teilhaben lassen. Kennengelernt hatte sie Pater Perrin, als die Familie vor der deutschen Besatzungsmacht Richtung Marseille geflüchtet war und auf die Abreise nach New York wartete. Simone beschäftigte sich zu diesem Zeitpunkt intensiv mit den großen Weisheitslehren und Mythen der Menschheit und suchte nach deren Übereinstimmungen. Zusammen mit Pater Perrin hielt sie zu diesem Thema Vorträge und Gesprächsabende in der Krypta des Klosters. Doch obwohl sie in ihren mystischen Erfahrungen immer wieder Christusnähe erlebte, verweigerte sie die Taufe, wollte sich den Dogmen der Kirche nicht verpflichten, wollte frei bleiben für eine universelle Spiritualität. „Ich bedarf keiner Hoffnung, keiner Verheißung, um an Gottes überreichliche Barmherzigkeit zu glauben. Ich kenne diesen Reichtum mit der Gewissheit der Erfahrung, ich habe ihn berührt."[65]

Schließlich floh sie auf Drängen ihrer Eltern mit in die USA, wo ihr Bruder lebte. Aber es hielt sie dort nicht lang.

Bei der erstbesten Gelegenheit unternahm sie die gefährliche Reise nach England, um dort der französischen Exilregierung ihre Unterstützung anzubieten. Weils Idee, eine kleine Gruppe von Frontkrankenschwestern zu bilden und anzuführen, wurde schnell abgewiesen, aber sie bekam den Auftrag, an Konzepten für ein politisches Nachkriegsfrankreich mitzuarbeiten. Und so saß sie in einem kleinen, zum Büro umfunktionierten Hotelzimmer und schrieb Tag und Nacht über die neu zu schaffenden Strukturen für die Bereiche Bildung, Wissenschaft und Religion sowie Arbeitswelt und Politik – verband dabei auf ganz eigene Weise ihr umfangreiches geschichtliches Wissen mit psychologischen, spirituellen, ethischen und auch künstlerischen Ansätzen, benannte etwa *Inspiration* als wichtigste Voraussetzung für die Bewältigung der anstehenden großen Aufgaben. Man brauche eine „Anspannung der seelischen Fähigkeiten, die jenen Aufmerksamkeitsgrad ermöglicht, der für eine Komposition auf mehreren Ebenen unerlässlich ist."[66] Dabei betont sie immer wieder die Bedeutung unterschiedlicher *Beweggründe*: Ein und dieselbe Handlung kann zu vollkommen verschiedenen Wirkungen führen – je nach der dahinterstehenden Antriebskraft, je nach der Geisteshaltung, aus der heraus sie getätigt wird. Simone Weil wollte, dass Europa sich wieder seiner geistigen Fundamente bewusst wird, vor allem des Neuen Testaments – in seiner ursprünglichen Schönheit – und der altgriechischen Kultur, hier besonders der Schriften Platons. Alle Menschen würden in ihrer Seele das Bedürfnis nach einer *Verwurzelung* tragen, auch nach einer Verwurzelung in die ihnen angemessenen geistigen Traditionen. Eine Befreiung Europas lediglich durch Amerikas Gelder und Fabriken würde unglückliche und leere Seelen zurücklassen. „Und der Mensch ist so beschaffen, dass der spirituelle Tod mit psychologischen Krankheiten einhergeht, die ihrerseits tödlich sind.“[67]

Wie üblich aß und schlief Simone Weil auch in dieser Phase ungeheurer Produktivität wenig, lebte weiterhin in selbst gewählter Askese, und das nun weit entfernt von den stets sorgenden Eltern. Nach vier Monaten unentwegten Schreibens kam es zum körperlichen Zusammenbruch und schließlich führten eine Tuberkulose und mangelnde Nahrungsaufnahme zum frühen Tod mit nur vierunddreißig Jahren.

Ihr Leben war viel zu kurz – aber intensiv, voller Essenz im Sinne Sartres und de Beauvoirs. Ausgerechnet der ihnen nahestehende Albert Camus nahm sich einige Jahre später des literarischen Nachlasses von Simone Weil an und gab mehrere ihrer wichtigsten Schriften heraus. An ihre Mutter schrieb er: „Simone Weil, ich begreife es nunmehr, ist der einzig große Geist unserer Zeit.“ Sie hat ein Werk hinterlassen, „dessen volle Wirkung wir erst noch zu ermessen haben.“[68]

Simone de Beauvoir äußerte am Grab von Sartre, dass sie ihm zwar folgen, ihn aber nicht wiedersehen werde. Aus ihrer materialistischen Weltsicht heraus musste der Abschied endgültig sein. Simone Weil dagegen zeigt sich in ihren Schriften deutlich als Vertreterin einer idealistischen Seinsauffassung: „Das sinnlich wahrnehmbare Universum, in dem wir uns befinden, hat keine andere

Wirklichkeit als die Notwendigkeit; und die Notwendigkeit ist ein Geflecht von Relationen, die sich verflüchtigen, wenn sie nicht mehr durch eine höhere, reine Aufmerksamkeit getragen werden. Das uns umgebende Universum ist Denken, das unserem Fleisch materiell gegenwärtig ist."[69]

Simone Weil, wie auch Plotin, haben uns gezeigt, dass die beiden Erkenntniswege der Philosophie und Mystik durchaus vereinbar sind. Man kann sie allerdings nicht gleichzeitig betreten, sondern nur nacheinander und abwechselnd, wie bei den Kippbildern. Es steht aber jedem frei, beide Zugangsweisen zu tieferen Seinsebenen für sich zu finden – einmal die sprachlich gut fassbare und logisch korrekte der Philosophie und einmal die spürende, ganzheitliche der Mystik. Beide werfen unterschiedliche Scheinwerfer auf All-das-was-ist und erfassen jeweils einen anderen kleinen Ausschnitt. Beide machen unser Weltbild differenzierter und runder, wobei immer zu bedenken ist, dass wir unendlich weit davon entfernt sind, diese Welt im Ganzen zu erfassen. Ein solches Unterfangen wäre wahrlich größenwahnsinnig.

Wenn das Leben keinen Sänger findet,
der ihm aus dem Herzen singt,
bringt es einen Philosophen hervor,
der von des Lebens Geist spricht.
Khalil Gibran

Kapitel 4

Neurowissenschaften – sind wir unser Gehirn?

Nach den abstrakten Gefilden der Philosophie schlage ich nun einen Abstecher zu den modernen Neurowissenschaften vor. Hier wird es wieder konkreter, außerdem besitzt dieser Wissenschaftszweig ein hohes Ansehen und großen Einfluss in unserer Gesellschaft. Bücher, bei denen im Titel ein *Neuro* enthalten ist, verkaufen sich gut und werden als fortschrittlich und seriös eingeschätzt. Gleichzeitig vermittelt der fachliche Mainstream ein Menschenbild, das bei jedem, der es ernst nimmt, ein ungutes Gefühl hinterlassen muss. Uns wird dort nämlich gesagt, dass wir mit all unserem Erleben nur Ausgeburten unserer Gehirne sind. Wenn diese Schaden nehmen und am Ende ganz sterben, dann werden wir selbst beschädigt oder sterben eben auch ganz.

Möchten wir wirklich mit diesem Gefühl leben? Ich werde Ihnen eine Gegenposition vorstellen. Wir werden dabei dem Dalai Lama begegnen und können uns bei vielen seiner Äußerungen sein herzerfrischendes Lachen mitdenken. Anschließend werden wir uns dem Phänomen der Nahtoderfahrungen widmen, ein herausforderndes Gebiet menschlicher Erfahrung, bei der es tatsächlich ein Bewusstsein ohne Gehirnaktivität zu geben scheint. Doch es bleibt dabei, dass es die *eine Wahrheit* nicht gibt und wir somit die Wahl haben, welchen Stellenwert wir unserem Bewusstsein beimessen wollen.

Mit dieser entspannten Haltung wenden wir uns nun den Schilderungen einer Frau zu, die nicht nur beruflich, sondern auch persönlich tiefe Einblicke in ihr eigenes Gehirn bekommen hat.

Ein besonderer Morgen

Eines Morgens wachte Dr. Jill Taylor mit einem scharfen, pochendem Schmerz hinter ihrem linken Auge auf. Auch eine warme Dusche brachte keine Linderung, vielmehr war es ihr aufgrund von Gleichgewichtsstörungen und motorischer Unbeholfenheit schwergefallen, überhaupt in die Duschkabine hineinzukommen. Doch erst als ihr rechter Arm plötzlich heruntersackte und wie ein Fremdkörper an ihrer Seite hing, realisierte die siebenunddreißigjährige Neuroanatomin, dass sie soeben einen Schlaganfall erlitten hatte. Jetzt war es wichtig, Hilfe zu holen, das war ihr klar. Es gelang ihr auch, das Telefon zu erreichen. Aber dann saß die dort und die altvertrauten Telefonnummern wollten ihr einfach nicht einfallen. Später konnte sie sogar die verschiedenen Ziffern nicht mehr voneinander unterscheiden, sah in ihnen nur noch irgendwelche Kringel. Was sie als Neuroanatomin bisher vor allem theoretisch gewusst hatte, erfuhr sie nun am eigenen Leib: wie das Gehirn als unsere Schaltzentrale fungiert, wie es die Motorik steuert, unsere Sinnesdaten zu sinnvollen Einheiten verarbeitet, uns Sprache erkennen und produzieren lässt, wie es uns auch erlaubt, Handlungs- und Erlebnisstränge in ein Vorher, Jetzt und Nachher einzuteilen.

Während die linke Gehirnhälfte von Jill Taylor aufgrund einer geplatzten Arterie immer mehr mit Blut überschwemmt wurde, musste sie erleben, wie die gewohnten und für selbstverständlich gehaltenen Funktionen ihres Körpers nach und nach verschwanden. Den Arm zu heben, um mit einem Finger eine Taste auf dem Telefon anzusteuern und zu drücken, bedurfte höchster Konzentration und Anstrengung. Gleichzeitig verlor sich ihr Gefühl für Sprache. Als sie es endlich geschafft hatte, einen Kollegen anzurufen, brachte sie selbst nur noch grunzende, stöhnende Laute hervor und auch seine Äußerungen konnte sie nicht mehr verstehen. Sie wusste, dass er spricht, konnte den wahrgenommenen Lautstrom jedoch nicht mehr in einzelne Wörter unterteilen, um ihm Sinn zu geben. Zum Glück erkannte ihr Kollege sie an ihrer Stimme und brachte sie umgehend in ein Krankenhaus, wo das Ausmaß ihrer Hirnschädigung schnell festgestellt wurde. Dr. Taylor konnte sich zu diesem Zeitpunkt schon so gut wie gar nicht mehr mitteilen, sie nahm jedoch ihr verändertes Bewusstsein mit dem wissenschaftlichen Interesse der Neuroanatomin wahr und prägte sich alles ein, um später davon berichten zu können: von den vielen Ausfallserscheinungen, den unterschiedlichen Erfahrungen in Krankenhäusern und dem langen Weg zurück in ihr altes Leben. Es sollte Jahre dauern, bis sie die meisten ihrer gewohnten motorischen und kognitiven Fähigkeiten zurückgewann. Für vieles brauchte es Training und geduldiges Üben, manches war aber auch plötzlich wieder da, wie etwa die Fähigkeit zu addieren, die im vierten Jahr nach ihrem Schlaganfall überraschend wieder auftauchte.

Bei aller Tragik ihres Schicksalsschlags hatte Dr. Taylor darin jedoch von Anfang an auch eine Chance gesehen: „Wie viele Wissenschaftler haben schon Gelegenheit, das Schwinden ihrer eigenen Hirnfunktion von innen heraus zu beobachten. Mein ganzes Leben lang hatte ich mich bemüht zu verstehen, wie das menschliche Gehirn die Wahrnehmung der Realität erzeugt, und jetzt vermittelte mir der Schlaganfall diese Einsichten!“[70]

Heimweg vergessen

Sehen wir uns ein weiteres Beispiel an.

Auch Dr. Barbara Lipska, ebenfalls Neurowissenschaftlerin, verlor viele ihrer für selbstverständlich gehaltenen Fähigkeiten, das aber nicht plötzlich, wie es bei einem Schlaganfall geschieht, sondern langsam und allmählich. Mehrere Tumore wuchsen in ihrem Kopf und beschädigten Hirnareale an den verschiedensten Stellen. Und so kam es, dass sie eines Tages ihr Auto in der Parkgarage nicht wiederfand und anschließend den altvertrauten Weg nach Hause nicht bewältigen konnte, weil sie nicht mehr wusste, wo abzubiegen war. Später konnte sie das Auto gar nicht mehr mittig auf der Straße halten und hatte vergessen, was eine Einbahnstraße ist. Auch bei ihr ging irgendwann das Verständnis für Zahlen verloren und sie konnte die einfachsten Gerichte nicht mehr kochen, wusste nicht, in welcher Reihenfolge welche Dinge getan werden müssen. Gleichzeitig änderte sich aber auch ihre Persönlichkeit und ihre Familie musste miterleben, wie sie egozentrisch, fordernd und unbeherrscht wurde, wie sie jede Empathie verlor, Misstrauen sowie Verschwörungstheorien entwickelte und bei alledem nicht den Ansatz einer Krankheitseinsicht besaß. Als Neurowissenschaftlerin hatte sie sich im Besonderen mit veränderten Hirnfunktionen bei an Schizophrenie Erkrankten beschäftigt, um deren oft bizarres Verhalten davon abzuleiten. Und obwohl sie dieses Vorwissen besaß, zeigte sie selbst nun ähnliche Verhaltensweisen, einfach, weil bestimmte Hirnregionen, vor allem die im Stirnbereich, nicht mehr richtig arbeiten konnten. Diese Hirnareale steuern neben planvollem Vorgehen und Impulskontrolle auch unsere Selbstreflexion. Und dazu war Dr. Lipska nicht mehr in der Lage.[71]

Wunderwerk Gehirn

Beide Neurowissenschaftlerinnen waren ihren Hirnverletzungen ausgeliefert, da konnte ihnen auch ihr umfangreiches Fachwissen nicht helfen. Tatsächlich weiß man heute schon sehr viel über den Aufbau und die Funktionsweisen des Gehirns – dieses Hochleistungsorgans, das nur zwei Prozent der Körpermasse ausmacht, dafür aber zwanzig Prozent der gesamten Energie verbraucht. Seine etwa sechsundachtzig Milliarden Nervenzellen bilden weitverzweigte Netzwerke, die bei Aktivierung die verschiedensten

Informationen miteinander verbinden. Gleichzeitig haben sich an bestimmten Orten des Gehirns spezialisierte Zentren herausgebildet, die schnelle grundlegende Operationen erlauben. Ein klassisches Beispiel hierfür sind die beiden Sprachzentren, die bei den meisten Menschen in der linken Hirnhälfte verortet sind. Die Areale für die Verarbeitung visueller Informationen liegen dagegen zu beiden Seiten im hinteren unteren Teil des Gehirns. Von hier aus konstruieren sie uns eine dreidimensionale Außenwelt. Auf der Netzhaut des Auges werden die gesammelten Eindrücke nämlich lediglich zweidimensional abgebildet. Erst in der Sehrinde im hinteren Teil des Gehirns wird auf Grundlage dieser zweidimensionalen Informationen eine dreidimensionale Raumvorstellung errechnet. Wenn etwa ein Objekt ein anderes teilweise verdeckt, wird es als weiter vorn gesehen und kleine Objekte werden als weiter hinten im Raum angenommen. Wer diese angeborenen Mechanismen kennt, kann sie wunderbar in die Irre führen, sodass die bekannten optischen Täuschungen entstehen, wie wir sie auf Gemälden oder in naturwissenschaftlichen Ausstellungen vorgeführt bekommen. Und obwohl wir von diesen Täuschungen wissen, können wir willentlich keinen Einfluss nehmen, so wie wir auch willentlich bei den Kippbildern nicht beide Varianten gleichzeitig sehen können.[72]

Was unsere Wahrnehmung angeht, kommen wir Menschen also mit Voreinstellungen zur Welt und beim Denken ist es ähnlich. So konstruieren wir oft Kausalitäten, wo gar keine sind, einfach, weil zwei Ereignisse zeitlich eng aufeinanderfolgen und wir ein Bedürfnis nach

Erklärbarkeit und Kontrolle besitzen.[73] Was Immanuel Kant im 18. Jahrhundert als *Anschauungsformen* von Raum und Zeit sowie *Denkkategorien* – unter anderem von Ursache und Wirkung – philosophisch beschrieb, lässt sich inzwischen auch neuropsychologisch darstellen. Wir nehmen Informationen nicht einfach nur passiv auf, sondern legen immer unsere angeborenen Schablonen an und konstruieren auf dieser Basis unser menschliches Bild der Welt.

Gehirn und Bewusstsein

Steuern wir nun unsere zentrale Frage an: Wie genau ist das Verhältnis von Gehirn und Bewusstsein?

Das Wissen um die biologischen Voraussetzungen unseres Denkens und Wahrnehmens zusammen mit den immensen Fortschritten, die die Hirnforschung in den letzten Jahrzehnten verzeichnen konnte, haben manche Forschende zu der Überzeugung geführt, dass sich unser Bewusstsein grundsätzlich auf die physikalisch-chemischen Vorgänge im Gehirn zurückführen lässt. Eines Tages werde man diese gut genug verstehen, um den menschlichen Geist darüber vollständig zu erklären. In diesem Sinne äußerten sich elf führende NeurowissenschaftlerInnen, die 2004 *Das Manifest zu Gegenwart und Zukunft der Hirnforschung* veröffentlichten. Ihrer Meinung nach sind „Geist und Bewusstsein (…) nicht vom Himmel gefallen, sondern haben sich in der Evolution der Nervensysteme allmählich herausgebildet." Das sei „vielleicht die wichtigste Erkenntnis der modernen Neurowissenschaften."[74] Ihr Ansatz ist damit eindeutig materialistisch. Sie sehen Bewusstsein als Produkt von Nervensystemen und Gehirnen. Wenn diese sterben, stirbt auch das Bewusstsein. Eine vom Körper unabhängige Existenz wird ihm nicht zuerkannt. Und so entstehen aus diesem Ansatz heraus Bücher mit Titeln wie *Wir sind unser Gehirn – Wie wir denken, leiden und lieben*[75] oder *Wie das Gehirn die Seele macht.*[76] Die Idee einer unsterblichen Seele dagegen wird als unaufgeklärt und unwissenschaftlich abgelehnt.

Trotzdem bleibt das altbekannte Leib-Seele-Problem bestehen: Das Gehirn besteht aus Materie, unser Bewusstsein besitzt diese Stofflichkeit aber nicht. Unseren Erlebnissen mögen materielle Prozesse zugrunde liegen, aber es kommt eine neue, nicht materielle Qualität hinzu.[77]

Wie diese Kluft überwinden? NaturwissenschaftlerInnen nutzen zu ihrer Überbrückung den Begriff der *Emergenz*: Systeme entwickeln hiernach kollektiv und spontan neue Eigenschaften, die aus vorhergehenden Zuständen nicht vorherzusagen waren. Sie eröffnen eine zusätzliche Organisationsebene, springen für den Betrachter auf ein neues Entwicklungsniveau.[78] Und so setzt die evolutionstheoretische Herleitung des menschlichen Geistes bei den Anfängen der Materie an, wo sich nach dem Urknall irgendwann einfache Atome zu Molekülen zusammenschlossen und damit die Elemente bildeten, wie wir sie aus dem Chemieunterricht kennen. In den folgenden sehr langen Zeiträumen verbanden sich dann bestimmte Moleküle zu Proteinen und Nukleinsäuren, aus denen irgendwann auf einer weiteren Emergenz-Ebene lebende Zellen entstehen konnten. Aus toten Einzelteilen entstand Leben, ein wahrlich großer Sprung! Im Verlauf vieler weiterer Jahre entwickelten sich dann aus Einzellern komplexere Lebewesen bis hin zu Primaten, die jeweils ihre ganz eigenen Gesetzmäßigkeiten ausbildeten. Und am Ende finden wir als Krone dieses Evolutionsprozesses: uns, den Menschen – ausgestattet mit einem Gehirn, das dem anderer Primaten sehr ähnlich ist, das aber als besondere emergente Eigenschaft selbstreflexives Bewusstsein hervorbringt.

So weit ist das präsentierte Menschenbild angenehm, damit können wir uns gut identifizieren. Warten wir ab, ob es so bleibt.

Von Autos und Ampelanlagen

Sehen wir noch einmal genauer auf die Idee der Emergenz. Spannend wird es nämlich, wenn man berücksichtigt, dass ihre übergeordneten Ebenen auf die untergeordneten zurückwirken. Das lässt sich gut am Beispiel des Autoverkehrs verdeutlichen: Hier haben wir zunächst eine Mikroebene von Autos, die wiederum auf der darunter liegenden Mikroebene aus Einzelteilen und die wiederum aus bestimmten Materialien bestehen. Ohne Metall und Gummi einerseits und ohne die Verarbeitung zu

Karosserie und Reifen andererseits wird es kein Auto. Aber wenn es mal ein Auto geworden ist, folgt es bestimmten Gesetzmäßigkeiten. Es braucht zum Beispiel Energie und darf nur von einem der Insassen gelenkt werden. Und da es nicht nur ein einzelnes, sondern sehr viele Autos gibt, müssen die irgendwie koordiniert werden, sodass die Makroebene des Straßenverkehrs entsteht – mit seinen speziellen Regeln, die nun wiederum auf die Mikroebene zurückwirken. Wenn es etwa bei ausgefallener Ampelanlage auf der Makroebene zu einem Unfall kommt, dann werden dabei zwei Autos auf der Mikroebene beschädigt, an einem bestimmten Teil, vielleicht dem Kotflügel, mit seinem speziellen Material. Je nachdem, wie stabil das war, fällt der Schaden größer oder kleiner aus und man kann weiterfahren oder eben auch nicht. Vielleicht gibt es einen Stau auf der Makroebene, vielleicht gibt es einen Totalschaden auf der Mikroebene. Beides wirkt auf die jeweils andere Ebene zurück. Die Kausalitäten gehen also hin und her von Makro zu Mikro und umgekehrt.

Der bekannte Hirnforscher Michael Gazzaniga plädiert dafür, auch in den Neurowissenschaften die *aufwärtsgerichteten* mit den *abwärtsgerichteten* Kausalitäten zu kombinieren.[79] Denn tatsächlich können wir geistig auf unsere materiellen Hirnstrukturen einwirken. So verändern sich einige Bereiche dort nachgewiesenermaßen durch eine regelmäßige Meditationspraxis[80] und auch bei SpezialistInnen auf einem bestimmten Gebiet, etwa BerufsmusikerInnen, lassen sich funktionelle Anpassungen der zugehörigen Hirnareale darstellen. Überhaupt beeinflusst jeder Lernvorgang die materielle Ebene des Gehirns, indem Verbindungen zwischen Nervenzellen in ihrer Effizienz moduliert werden. Das Bewusstsein wirkt also auf das Organ zurück, aus dem es hervorgegangen ist. Und auch auf andere Körperregionen können wir rein geistig einwirken. So sammelt sich Speichel im Mund, wenn wir uns eine Zitrone vorstellen und wir können unseren Herzschlag durch Achtsamkeitsübungen beruhigen. Beim Placebo-Effekt löst allein der Glaube an die Wirksamkeit einer Pille Heilungsprozesse auf körperlicher Ebene aus. Wenn wir dagegen über etwas Ärgerliches nachdenken, uns vielleicht sogar dort hineinsteigern, werden Stresshormone ausgeschüttet, die unseren Körper in Wallung bringen, etwa die Atmung beschleunigen und vieles mehr. Umgekehrt führt ein plötzlich wahrgenommenes körperliches Unwohlsein dazu, dass unser Geist nach Erklärungen dafür sucht. Man überlegt, ob man vielleicht krank wird, etwas Falsches gegessen hat oder es womöglich am Wetter liegen könnte. Diese Wechselwirkungen zwischen materieller Körperebene und nicht materieller Bewusstseinsebene sind unser tägliches Geschäft, so funktionieren wir.

Noch komplexer wird es, wenn wir dann auch noch die Interaktionen mehrerer Gehirne untereinander betrachten. Hier bilden sich Makroebenen von Familien und Nationen mit ihren spezifischen Strukturen, ihren Handelsbeziehungen, Wissenschaften und Religionen, eben all ihren hochkomplexen Kulturleistungen. Über Kunstwerke, Sprache und Schrift können wir sogar über weite räumliche und zeitliche Entfernungen hinweg miteinander kommunizieren, sodass wir heute noch wissen, was Platon, Einstein und andere große Gehirnträger gedacht haben. Die Sache zieht immer größere Kreise. Und trotzdem bleibt die materialistische Weltsicht bei ihrer Grundannahme, dass alles Geistige nur Auswuchs und Epiphänomen des Materiellen ist. Egal, wie viele Makroebenen sich ausbilden, wie sie zurückwirken und wie kompliziert entwickelt sie sind – nur das Materielle soll eine eigenständige Substanz besitzen.

An diesem Punkt könnte Ihnen das materialistische Menschenbild vielleicht doch unangenehm werden. Und damit sind Sie nicht allein.

Buddhistische Weltsicht

Während der größte Teil der heutigen NeurowissenschaftlerInnen sich dem materialistischen Ansatz verpflichtet fühlt, sind einige von ihnen auf ihrer Suche nach alternativen Sichtweisen in einen interessanten Austausch mit dem Dalai Lama gegangen – dem heute bekanntesten Vertreter buddhistischer Theorie und Praxis, im Besonderen in ihrer tibetischen Ausformung. 1987 hatte er erstmals eine Gruppe westlicher WissenschaftlerInnen für eine Woche zu sich nach Dharamsala eingeladen, weitere Treffen dieser Art sollten in den nächsten Jahren folgen. Bei diesen Zusammenkünften legten die ExpertInnen auf den verschiedenen Gebieten der Kognitionswissenschaften zunächst dem Dalai Lama die westliche wissenschaftliche Sicht auf unser menschliches Bewusstsein dar, um sie dann mit seinen buddhistischen Vorstellungen zu vergleichen.[81]

Gemeinsame Basis dieser beiden Gedankensysteme ist der Wunsch nach gründlicher Überprüfung. Doch während sich in den westlichen Wissenschaften die experimentelle Herangehensweise als Goldstandard auch bei der Untersuchung des menschlichen Geistes herausgebildet hat und er damit von außen betrachtet wird, gehen die verschiedenen buddhistischen Schulen einen anderen Weg. Sie versuchen, den menschlichen Geist von innen her zu verstehen. Durch Meditation soll er in einen klaren Zustand gebracht werden, um so tiefere Einsichten in seine Natur zu erlangen: seine *gröberen* und seine *subtileren* Ebenen – von denen wir westlichen Kulturen keine Vorstellung haben, zumindest nicht in dieser Differenziertheit. Wir unterteilen lediglich in unbewusst, vorbewusst und bewusst.

Meditationstechniken aber finden auch bei uns regen Zuspruch. Ziel ist dabei immer, den Verstand zur Ruhe zu bringen, der ansonsten wie ein kleiner Affe aufgeregt im Kopf herumspringt und uns dadurch ständig ablenkt und in Unruhe versetzt. Wenn man ihn jedoch in der Meditation herunterfahren kann, erfährt man Gelassenheit und Harmonie, was förderlich für Wohlbefinden, Gesundheit und auch die Leistungsfähigkeit ist. Den meisten von uns genügen diese Ziele der Meditationspraxis.

Buddhistische Nonnen und Mönche jedoch gehen darüber hinaus. Nach der Beruhigung der gröberen Bewusstseinsebenen erkunden sie die subtileren, bis hin zu denen, die sich nach ihren Aussagen vom Körper lösen können. Mit den Worten des Dalai Lama: „In mancher Hinsicht besteht eine enge Beziehung zwischen Körper und Geist, doch ganz am Grund, wenn man zur eigentlichen Natur des Geistes vordringt, stellt man fest, dass er ein unabhängiger, wohl unterschiedener Faktor ist."[82]

Die buddhistische Weltsicht setzt nicht bei der Materie als grundlegend an, sondern bei einem *anfangslosen Bewusstseinskontinuum*. Sie geht von einem unendlichen Universum aus, mit Weltsystemen, die verschiedene Phasen durchlaufen: „Mal geht eines unter, mal entsteht eines, manchmal gibt es grobstoffliche Materie, manchmal nicht – aber all das hat keinen Anfang und kein Ende. Und in allen Phasen ist subtiles Bewusstsein vorhanden."[83]

Was nun unsere menschliche Daseinsform angeht, glauben Buddhisten, dass sich während der Embryonalphase ein *subtiler Bewusstseinsstrom* mit dem entstehenden menschlichen Körper verbindet und durch die zunehmende Vereinigung mit der Materie immer gröbere Bewusstseinsschichten hervorbringt. Beim Sterben geschieht dann der entgegengesetzte Prozess. Mit dem Zerfall der Sinnesleistungen und des Atmens wird das Bewusstsein nach und nach wieder subtiler, wie es auch detailliert im *Tibetischen Totenbuch* beschrieben ist.[84]

Substanzielle und mitwirkende Ursachen

Auch im buddhistischen Weltbild wird dem Gehirn eine wichtige Funktion für unseren menschlichen Geist zugesprochen. Der Dalai Lama unterscheidet dazu zwischen *substanziellen* und *mitwirkenden Ursachen*: Wenn aus einem Samenkorn eine schöne Pflanze wächst, dann ist dieses Samenkorn selbst die substanzielle Ursache. Erde, Wasser und Licht dagegen sind mitwirkende Ursachen. Ohne sie würde die Pflanze nicht wachsen, würde das Potenzial des Samenkorns sich nicht verwirklichen. Und so ist das Gehirn aus buddhistischer Sicht eine mitwirkende Ursache für die Entstehung des menschlichen Geistes. „Das Bewusstsein wird auf dem Weg über das menschliche Gehirn wirksam, und da es dabei sozusagen die Färbung des menschlichen Gehirns erhält, sprechen wir – anders als beim Bewusstsein selbst – von menschlicher Geistestätigkeit."[85]

Aus dem Samen des subtilen Bewusstseinsstroms entsteht also mithilfe des Gehirns, des menschlichen Körpers überhaupt sowie auch seiner Umwelt, die Pflanze des menschlichen Geistes und die individuelle Persönlichkeit. Während westliche PsychologInnen davon ausgehen, dass die Entwicklung eines Kindes vollständig durch das Zusammenspiel von Genen und Umwelt erklärbar ist, wird durch die buddhistische Annahme einer spezifischen subtilen Bewusstseinssubstanz, die sich früh mit dem Embryo verbindet, eine weitere Wirkmacht postuliert. „Im Geistesstrom des Individuums" setzt sich etwas fort, „das nicht aus dem Zusammenhang mit den Eltern (...), das weder aus der Genetik noch aus der frühkindlichen Erziehung stammt."[86] Es ist aber anzumerken, dass dieser individuelle Bewusstseinsstrom im buddhistischen Weltbild nicht einer beständigen Einheit oder Entität im Sinne einer Seele entspricht. Er wird vielmehr als Ansammlung von Karma gesehen, als Anhaftungen und Verstrickungen aus früheren Leben, die noch aufzulösen sind.

Es geht in der buddhistischen Lehre immer darum, altes Karma aufzulösen und neues nicht entstehen zu lassen, um irgendwann dem Daseinskreislauf mit seinem Leid zu entkommen. Der menschliche Geist mit seiner Möglichkeit zur Selbstreflexion bietet dafür besonders günstige Bedingungen und unterscheidet sich damit auch deutlich von tierischem Bewusstsein. Und so konnte der Dalai Lama, als die anwesende Psychologieprofessorin von der behavioristischen Phase ihres Faches berichtete, auch nur verwundert reagieren: „Sie ignorieren den menschlichen Geist einfach und machen ihre Experimente mit Hunden und anderen Tieren. Das kam mir von Anfang an etwas merkwürdig vor."[87] Denn wenn sich auch die Gehirne nur wenig unterscheiden, so ist der Unterschied auf der geistigen Ebene doch ein großer. Damit ist die Antwort der buddhistischen Philosophie auf die Frage danach, ob wir unser Gehirn sind, ein klares Nein.

Der Dalai Lama bringt die unterschiedlichen Positionen auf den Punkt: Während die westliche Wissenschaft die gröberen Bewusstseinsebenen als emergierende Eigenschaften des Gehirns ansieht – das Gehirn hier also als substanzielle Ursache gilt –, werden die gröberen Bewusstseinsebenen im Buddhismus als emergierende

Eigenschaften des höchst subtilen Bewusstseins betrachtet – wobei ebendieses die substanzielle Ursache und das Gehirn lediglich mitwirkende Ursache ist.[88] Der eine Ansatz nähert sich von der Seite der Materie, der andere von der des Geistigen. Und hier sind wir wieder beim *Münchhausen-Trilemma.* Beide Seiten können ihre Grundannahmen nicht beweisen, müssen einen dogmatischen Abbruch vornehmen. Die einen setzen den Urknall als ersten Grundstein ihres Theoriegebäudes, die anderen ein unendliches Bewusstsein. Beide Grundsteinsetzungen sind legitim, können aber nicht bewiesen werden. Es bleibt weiterhin jedem Einzelnen überlassen, welche der beiden Brillen er aufsetzen, wie er die ihn umgebende Welt und sein Menschsein sehen möchte.

Das gilt im Übrigen auch für unsere Vorstellung von *Bindung.* Nach unserem westlichen Verständnis entsteht Bindung durch direkte Interaktionen mit Augenkontakt, Körperkontakt, sprachlichem Austausch und Oxytocin-Ausschüttungen bei den Beteiligten. In der buddhistischen Weltsicht sind zusätzlich Verbindungen auf subtileren geistigen Ebenen denkbar, für die es nicht unbedingt räumliche Nähe braucht. Je nach Weltsicht-Brille, die man trägt, wird eine längere räumliche Trennung zum Nachlassen der Verbundenheit führen oder eben auch nicht.

Nahtoderfahrungen

Auch die Einschätzung und Bewertung von sogenannten *Nahtoderfahrungen* hängt davon ab, für welche Weltsicht man sich entschieden hat. Diese besonderen Erlebnisse während einer vorübergehenden Phase des klinischen Todes werden weltweit in den unterschiedlichsten Kulturen beschrieben und sind gar nicht so selten, wie man zunächst annehmen möchte. Sehen wir uns dieses spannende Phänomen einmal näher an.

Von *klinischem Tod* spricht man, wenn das Herz stehen bleibt und daraufhin Blutzirkulation und Atmung aussetzen. Das Gehirn wird dann nicht mehr mit Sauerstoff versorgt, was seine Funktionen schwer beeinträchtigt und bald zum Erliegen all seiner messbaren Aktivitäten führt. Trotzdem berichten einige der anschließend erfolgreich reanimierten PatientInnen über intensive Bewusstseinserfahrungen während dieser Phase. Ein mögliches Element dabei ist etwa, den Körper zu verlassen und von oben dem Reanimationsgeschehen zuzusehen. Manche PatientInnen konnten später sogar Details dieses Vorgangs und Äußerungen der MedizinerInnen wiedergeben. Auch berichten viele Nahtoderfahrene von einem besonderen Licht: Zunächst befindet man sich in Dunkelheit, dann erscheint aber bald ein kleiner Lichtpunkt, der einen starken Sog ausübt. Wie durch einen Tunnel wird man dort hingezogen in ein helles, gleißendes Licht, das trotz seiner Intensität nicht blendet, in dem man sich geliebt, geborgen und von Weisheit umgeben fühlt. Einige treffen auch Lichtwesen oder bereits verstorbene Angehörige, von denen sie in Empfang genommen werden – oft, um von ihnen zu erfahren, dass die eigene Zeit noch nicht gekommen ist und man zurück in den Körper gehen soll. Die PatientInnen selbst wollen das in der Regel nicht und sind enttäuscht, wenn sie sich in ihrem schmerzenden, erdenschweren Körper wiederfinden. Es bleibt ihnen aber für den Rest des Lebens die intensive Erinnerung an ihr Nahtoderlebnis und zumeist das Verschwinden der Angst vor dem Tod.[89] Dem sehen sie nun vielmehr gelassen entgegen und versuchen, ihr Leben bis dahin möglichst sinnvoll zu gestalten. Einige geben sogar ihren Beruf auf, um einen anderen, den sie für sinnvoller erachten, zu ergreifen. Viele entwickeln auch ein größeres Interesse an religiösen und philosophischen Themen. Außerdem rückt das Zwischenmenschliche mehr in den Fokus und das wohl im Besonderen durch die panoramaartigen Lebensrückblicke, die ein weiteres klassisches Element von Nahtoderfahrungen darstellen: Hierbei sieht der Sterbende vor seinem inneren Auge viele Situationen seines bisherigen Lebens, deren Bedeutung ihm aber erst jetzt klar wird, weil er nun auch die Gedanken und Gefühle der anderen Beteiligten wahrnehmen kann. Diese neue Perspektive auf die Folgen und Auswirkungen des eigenen Denkens und Handelns birgt so manche Überraschung. Einiges war bisher gar nicht ernst genommen worden, bei anderem wiederum hatten sich Schuldgefühle aufgebaut, die nun keine Bestätigung finden.

Viele erleben ihre Nahtoderfahrung als so überwältigend, dass sie anschließend darüber sprechen möchten. Aber zumeist treffen sie danach auf MedizinerInnen oder Pflegekräfte, die ihre Erlebnisse als Halluzinationen abtun und entwerten. Und auch den Angehörigen sind die Berichte meist eher peinlich, sodass ein Teil der Betroffenen sich zurückzieht und die Erfahrungen anzweifelt, in der

Folge manchmal auch psychische Probleme entwickelt. Wenn PatientInnen aber auf offene und informierte GesprächspartnerInnen treffen, auch wenn das noch Jahre später geschieht, ist es für sie sehr erleichternd zu erfahren, dass andere Menschen ähnliches erlebt haben, dass es auch Begriffe für die verschiedenen Elemente von Nahtoderfahrungen gibt, die im Übrigen selten alle gemeinsam in einer individuellen Erfahrung auftreten.

Danach lebt man anders

Werfen wir dazu einen Blick auf die Forschungslage. Zu den verschiedenen Elementen von Nahtoderfahrungen und ihren Auswirkungen auf die weitere Lebensführung gibt es inzwischen mehrere Studien, die in der überwiegenden Zahl allerdings retrospektiv angelegt sind. Die Betroffenen berichten in der Rückschau, und das oft erst sehr viele Jahre später. Der niederländische Kardiologe Dr. Pim van Lommel und seine KollegInnen dagegen wählten ein prospektives Untersuchungsdesign mit seinen forschungslogischen Vorteilen. In ihrer groß angelegten Studie sahen sie sich mehr als dreihundert reanimierte HerzpatientInnen an und verglichen die Gruppe derjenigen, die direkt danach ein Nahtoderlebnis schilderten, mit der Gruppe derjenigen PatientInnen, die von solch einer Erfahrung anschließend nicht berichten konnten.[90] Aufgrund der durchlebten lebensbedrohlichen Krise war bei beiden Gruppen in der Folge eine veränderte Lebensauffassung zu erwarten. Aber deutlich mehr PatientInnen mit Nahtoderfahrungen gaben an, ihre Angst vor dem Tod verloren zu haben und nun an ein Weiterleben danach zu glauben. Außerdem hatte nur bei den Befragten mit einer Nahtoderfahrung das Interesse an spirituellen Themen zugenommen und die Häufigkeit von Kirchenbesuchen abgenommen. Gleichzeitig waren für sie ein hoher materieller Lebensstandard und die Meinung anderer nicht mehr wichtig. Stattdessen nahm die Wertschätzung für die Natur und die kleinen Dinge des Alltags zu und sie entwickelten ein stärkeres Gefühl für soziale Gerechtigkeit, strebten auch nach mehr Mitgefühl und Akzeptanz im Umgang mit ihren Mitmenschen.

Van Lommel und KollegInnen befragten die TeilnehmerInnen ihrer Studie zu drei Zeitpunkten: einmal wenige Tage nach der Reanimation, einmal nach zwei Jahren und dann noch einmal acht Jahre später. Und auch dann noch zeigten sich die oben genannten Effekte der Nahtoderfahrungen deutlich – manche beschrieben ihre Erlebnisse nach acht Jahren sogar fast mit denselben Worten und genauso detailreich wie in den beiden früheren Befragungen. Aufgrund dieser starken und nachhaltigen Wirkung ordnet van Lommel Nahtoderfahrungen als *tiefgreifende Lebenserkenntnisse* ein. Eine bloße Halluzination könne nicht so lang anhaltend wirken. Weiter kommt er zu dem Schluss, dass „wenn klare Wahrnehmungen und die damit verbundenen komplexen Prozesse in einer Phase möglich sind, in der der klinische Tod des Patienten eindeutig nachgewiesen ist“, die Vorstellung ins Wanken gerät, „dass das Bewusstsein ausschließlich im Gehirn lokalisiert sei.“[91] Obwohl er als Mediziner und zudem auch noch Arztsohn im materialistischen Weltbild groß wurde, wendet er sich nach der Untersuchung von Nahtoderlebnissen davon ab und beantwortet die Frage danach, ob wir unser Gehirn sind, eindeutig mit Nein. Allem substanziell zugrunde liegen würde ein *endloses Bewusstsein*, dessen Herkunft wir mit unseren beschränkten menschlichen Mitteln nicht ergründen könnten. Unser Gehirn besitze für dieses Bewusstsein keine produzierenden, sondern lediglich ermöglichende Funktionen – wie ein Computer, der Informationen aus dem Internet präsentiert, dafür jedoch nur die Empfangsstation oder der Resonanzort ist.[92]

Unterschiedliche Erklärungsansätze

Doch längst nicht alle WissenschaftlerInnen schließen von den Berichten über Nahtoderfahrungen auf ein vom Gehirn unabhängiges Bewusstsein. Vielmehr gibt es verschiedene Ansätze, diese Erlebnisse doch als vom Gehirn verursacht darzustellen. So soll etwa der lebensbedrohliche Sauerstoffmangel zu einem erhöhten Kohlendioxidspiegel im Blut und zur Freisetzung von Endorphinen führen, wodurch ebenfalls ein friedliches Gefühl, Halluzinationen, auch Außerkörpererfahrungen, Tunnel- und Lichterlebnisse sowie selten bruchstückhaft aufblitzende Erinnerungssequenzen auftreten können. Aber es bleibt ungeklärt, wie dabei so geordnete und differenzierte Erlebnisse wie der gesamte Lebensrückblick zustande kommen sollen, bei dem ja vor allem die *Bedeutung* der Erinnerungen im Vordergrund steht, die man nun aus einer erweiterten Perspektive mit neuen und oft auch überraschenden Informationen sieht.[93]

Letztlich gilt auch für das Thema Nahtoderlebnisse, dass jeder selbst entscheidet, durch welche Brille er diese Berichte betrachtet. Den einen werden sie in seinem geistigen Weltbild bestätigen und er ist nur zu gern bereit, ihnen zu glauben. Materialistisch Orientierte dagegen werden darauf hoffen, dass man Nahtoderfahrungen eines Tages doch rein naturwissenschaftlich erklären können wird, vielleicht auf der Basis verbesserter Messverfahren für Hirnaktivitäten.

Auch dem Dalai Lama hatten die westlichen KognitionswissenschaftlerInnen von Nahtoderfahrungen berichtet. Zu ihrer Enttäuschung jedoch fand er sie mit den buddhistischen Vorstellungen vom Sterbeprozess wenig kompatibel – im Besonderen das Antreffen der bereits verstorbenen Verwandten irritierte ihn. Ihm schienen die beschriebenen Erfahrungen eher einem Traumzustand oder einer Phase von erweitertem Bewusstsein anzugehören.[94] Bei beidem sind aus buddhistischer Sicht ebenfalls Außerkörpererfahrungen und Ähnliches möglich. Und tatsächlich werden nahtodähnliche Erlebnisse vereinzelt auch aus Phasen tiefer Meditation beschrieben.[95]

Wie auch immer Nahtoderfahrungen nun einzuordnen sind – für diejenigen, die bereits eine durchlebt haben, stellen sich all diese Fragen nicht mehr. Sie nähern sich diesem Thema nicht über den Verstand, sondern nehmen ihre Erlebnisse als zutiefst evident an. Einige von ihnen bezeichnen sie sogar als das Wahrhaftigste, was ihnen je widerfahren sei. Ähnliche Aussagen kennen wir von MystikerInnen und auch sie ändern nach tiefgreifenden Erfahrungen ihre Lebensweise oft grundsätzlich und nachhaltig.

Unser Geschichtenerzähler

Treffen wir noch einmal die Neuroanatomin Dr. Jill Taylor, von deren Schicksal wir am Anfang dieses Kapitels gehört haben. Auch sie kann uns von tiefgreifenden Erfahrungen und einem deutlich veränderten Lebensgefühl berichten.

Bei ihrem Schlaganfall war es zu einer massiven, golfballgroßen Einblutung in der linken Hirnhälfte gekommen. Dabei wurden auch Areale beeinträchtigt, die für unsere visuelle Mustererkennung wichtig sind, uns Kanten und Konturen sehen lassen. Jill Taylors Welt wurde mit fortschreitender Blutung immer verschwommener. Alles floss ineinander, wirkte verpixelt. Menschen kamen ihr als „konzentrierte Energiepakete" entgegen.[96] Wenn sie mit ihr sprachen, konnte sie die Inhalte nicht verstehen, nahm dafür jedoch umso deutlicher ihre Gestimmtheit wahr, ob sie gestresst oder entspannt waren, wohlwollend oder kritisch. Auch für die Grenzen ihres eigenen Körpers und seine Verortung im Raum besaß sie kein Bewusstsein mehr. Als Medizinerin hatte sie theoretisch gewusst, dass sie aus „Billionen von Zellen und literweise Wasser" besteht.[97] Aber nun konnte sie es fühlen, empfand sich nicht mehr als festen, abgegrenzten Körper, sondern als fließend, als gleichmäßiges Summen dieser vielen

Zellen. Gleichzeitig erlebte sie ihren Zustand als zutiefst beglückend. „Das Fehlen physischer Begrenztheit vermittelte eine Freude, die man mit Worten nicht beschreiben kann.“[98] Sie erfuhr eine Ruhe und einen Frieden, den sie bis dahin nicht gekannt hatte. Dazu trug im Besonderen auch der Ausfall ihrer Sprachzentren bei. Nicht nur, dass sie weder selbst sprechen noch Sprache verstehen konnte, auch ihr begriffliches, lineares Denken verschwand, ebenso wie ihr „Hirngeplapper“, wie sie selbst es nennt, – dieser Affe, der im Kopf herumspringt und ständig Gedanken erzeugt, die ins Gestern oder Morgen verweisen und vom gerade gegenwärtigen Moment ablenken.[99] Was andere in jahrelanger Meditationspraxis zu erreichen versuchen, stellte sich bei Jill Taylor durch den Schlaganfall automatisch ein. Ihr Denken kam vollständig zur Ruhe und sie erlebte einen tiefen Frieden, fühlte sich mit allem verbunden.

Die Verlockung, in diesem Zustand zu bleiben, war groß, aber gleichzeitig wollte sie auch wieder mit der Außenwelt kommunizieren, ihren Platz in dieser Welt einnehmen. Und dazu brauchte sie ihre alten Hirnfunktionen, musste geduldig und mit langem Atem üben und trainieren. Doch mit den erwünschten Funktionen kamen auch unerwünschte zurück. So konnte sie im Laufe ihrer Genesung beobachten, wie ihr „Geschichtenerzähler“ wieder aktiv wurde.[100] Jetzt erst, nachdem er eine Zeit lang ausgefallen war, erkannte sie, wie er arbeitet, uns oft auf der Grundlage nur weniger Informationen eine Geschichte zusammenreimt. Da hat man etwa im Nachbarhaus laute Stimmen gehört, später sieht man den Nachbar von Weitem und meint, dass er angespannt wirkt – damit ist klar, dass es nebenan einen Streit gegeben haben muss. Wenn einem nun noch einfällt, dass man ja gestern Abend ungünstig vor der Einfahrt der Nachbarn geparkt hat, liegt es doch nahe, dass sie sich darüber aufgeregt haben. Mit der Frau hat man aber eigentlich ein gutes Verhältnis. Am Ende hat sie einen deshalb gegen ihren verärgerten Mann verteidigt? Die ältere Dame von gegenüber allerdings hat heute Morgen auch nur sehr verhalten gegrüßt. Ob sie auch schon involviert ist, die Nachbarn sich bei ihr über das Zuparken ihrer Einfahrt beschwert haben? Vielleicht wird jetzt schlechtgeredet, man für rücksichtslos gehalten usw. usw. Paul Watzlawick hat diese Mechanismen in seinem Buch *Anleitung zum Unglücklichsein* hinlänglich und mit viel Humor beschrieben.[101]

Jill Taylor versuchte nach ihrem Schlaganfall, solche Gedankenkonstruktionen nicht mehr entstehen zu lassen, besonders nicht die destruktiven. Auch beobachtete sie ihre Gefühlsregungen genau. Ihr war nämlich klar geworden, dass sie selbst Schaltkreise von Gedankenmustern und zugehörigen Gefühlen aufbauen kann, allein dadurch, dass sie bestimmte Verbindungen immer wieder aktiviert. „Habe ich erst einmal die Verantwortung für die Pflege meiner Gedanken übernommen, dann hege ich die Kreisläufe, die wachsen sollen, und unterbreche diejenigen Schaltkreise, die ich nicht in meinem Leben haben möchte."[102] Sie kommt zu dem Schluss, ihren Schlaganfall auch unter diesem Gesichtspunkt als „ein wunderbares Geschenk" anzusehen, „weil er mir erlaubt hat zu bestimmen, wer und wie ich in dieser Welt sein will. Vor dem

Schlaganfall glaubte ich, ich sei ein Produkt meines Gehirns und hätte nur wenig selbst dazu zu sagen, wie ich fühlte oder was ich dachte. Die Hirnblutung hat mir die Augen darüber geöffnet, welche Entscheidungsmöglichkeiten ich tatsächlich habe."[103]

Und hier sind wir wieder bei der Ausgangsfrage dieses Kapitels angelangt: Sind wir unser Gehirn? Sind wir mit all unserem subjektiven Erleben bloß Schöpfungen dieses materiellen Organs und daher vollständig determiniert? Oder sind wir doch noch mehr? Wie steht es *genau* mit dem Verhältnis von Körper und Geist?

Unbestreitbar gelingt es den Neurowissenschaften immer besser, die komplexen Wechselwirkungen zwischen diesen beiden Ebenen darzustellen – die Frage nach der grundlegenden Ursache wird dadurch allerdings nicht beantwortet. Doch genau dieser Punkt, das Leib-Seele-Problem, hat uns Menschen schon immer besonders interessiert, da von seiner Erklärung eben auch abhängt, ob es nach dem leiblichen Tod ein Weiterleben geben kann. Und so stirbt in der materialistischen Weltsicht das Individuum mit dem Zerfall seines Körpers. Ansätze, die Bewusstsein als ursächliche Wirkmacht ansehen, versprechen dagegen, dass es nach dem physischen Aus noch weitergeht – vielleicht sogar Besseres auf uns wartet, wie es etwa in den Nahtoderlebnissen anklingt. Manche nennen das eine schöne Illusion, „Opium fürs Volk", andere halten sich an eigene Erlebnisse von Transzendenz, die ihnen deutlich mehr als Illusionen sind. Am Ende ist es eine Entscheidung, die jeder einzelne Mensch für sich selbst treffen muss – und auch darf, weil es eine allgemeingültige Lösung für das Leib-Seele-Problem bisher nicht gibt und wohl auch zukünftig nicht geben wird. Es sei denn, wir ziehen uns wie der Baron Münchhausen am eigenen Schopf aus dem Sumpf.

Das Gehirn ist ein Organ,
mit dem wir denken,
dass wir denken.
Ambrose Bierce

Kapitel 5

Religionen – warum und wozu?

Wir haben im letzten Kapitel den Zusammenhang zwischen Gehirn und Bewusstsein in den Blick genommen. Dazu haben wir neben der aktuellen neurowissenschaftlichen Position auch die buddhistische Sichtweise des Dalai Lama und damit eine der großen Weltreligionen zu Wort kommen lassen. Im Folgenden wollen wir das Spektrum noch weiter fassen und alle Religionsansätze, ja das Phänomen der Religiosität an sich betrachten. In unserer modernen Gesellschaft, zumindest in der westlich-christlichen Kultur, erscheint sie vielen Menschen überflüssig und so ist eine massive Abwanderung aus den Kirchen zu beobachten. Aber ist das wirklich eine gute Entwicklung? Schüttet man da vielleicht das Kind mit dem Bade aus? Als aufgeklärter Mensch darf und sollte man diese Fragen stellen. Fragen und Hinterfragen ist immer gut. Schließlich ist Religiosität eine menschliche Konstante, wir finden sie in allen Kulturen und Epochen. Darin muss ein wesentlicher Aspekt unseres Menschseins enthalten sein.

Lassen Sie uns gemeinsam losziehen, um genau diesen Faktor zu finden. Dabei wird uns noch einmal der Dalai Lama begegnen, der hierzu Berührendes beisteuern kann. Wir lassen aber auch einen erklärten Atheisten zu Wort kommen. Erstaunlicherweise kann er uns sehr viel Positives über Religionen berichten. Von Willigis Jäger, einem deutschen Mystiker der Gegenwart, werden wir einige ungewöhnliche Interpretationen religiöser Aussagen erhalten und aussagekräftige Bilder und Metaphern zu sehen bekommen. Außerdem stellt uns eine Psychologin einen verblüffenden Zusammenhang von Spiritualität und Depression vor.

Doch zunächst wollen wir einen Blick auf die Entstehung von Religionen werfen. Dazu möchte ich Ihnen die Geschichte von zwei Vögeln erzählen, zwei Papageien genauer gesagt, die eine wichtige Botschaft weitergeben sollten.

Der Vogelfänger

In einem großen Wald mit vielen exotischen Tieren und Pflanzen lebte einst ein Eremit. Er galt in der Umgebung als weiser Mann und deshalb besuchten ihn hin und wieder SchülerInnen, die ihn mit dem Nötigsten versorgten und ihm manchmal auch ein wenig Geld gaben. Eines Tages nun musste dieser weise Mann miterleben, wie ein Vogelfänger in seinen Wald kam, dort ein Netz aufspannte und darin eine große Schar an Papageien einfing. Diese kreischten und machten eine Menge Krach, konnten dem Netz aber nicht mehr entkommen. Dem Einsiedler taten die vielen gefangenen Vögel leid und er bat den Vogelfänger, sie doch bitte wieder freizulassen. Der war dazu aber nicht bereit, schließlich bestritt er mit dem Vogelfang seinen Lebensunterhalt und den seiner Familie auch. Schließlich einigten sie sich darauf, dass der Eremit, der gerade etwas Geld von einigen SchülerInnen bekommen hatte, damit die gefangenen Papageien kaufen könne und der Jäger zudem einen ganzen Monat nicht in diesem Wald jagen würde; so lange nämlich würde das Geld für ihn und seine Familie reichen. Also übergab der Fänger die Vögel an den weisen Mann, der fast alle freiließ. Zwei aber behielt er bei sich in seiner Hütte und begann ihnen folgenden Satz beizubringen: „Jäger wird kommen, spannt sein Netz, fliegt nicht hinein, fliegt weg!" Als die beiden Papageien den Satz sicher beherrschten und mit Begeisterung den ganzen Tag vor sich hin krächzten, ließ er auch sie frei. Wenn er schon nicht verhindern konnte, dass der Vogelfänger weiter auf die Jagd ging, so wollte er den Vögeln doch wenigstens beibringen, sich gegenseitig zu warnen – so sein Plan. Er hoffte, dass seine beiden Schüler das Wissen an andere Papageien weitergeben und es so in der Vogelschar verbreiten würden. Auf das erstaunte Gesicht des Vogelfängers, wenn der in Zukunft leere Netze vorfinden würde, freute er sich schon.

Schließlich war es so weit, der Vogelfänger war wieder in der Gegend. Schon von Weitem hörte er das Kreischen: „Jäger wird kommen, spannt sein Netz, fliegt nicht hinein, fliegt weg!" Und dieser Satz kam inzwischen aus vielen Papageienschnäbeln, der ganze Wald hallte davon wider. Natürlich ärgerte der Vogelfänger sich über die List des Einsiedlers, er hoffte aber dennoch einige wenige Vögel fangen zu können. So spannte er also sein Netz und stellte sich auf eine längere Wartezeit ein. Aber es kam anders. Schon nach kurzer Zeit wurde das Gezeter der Papageien immer lauter und war auch viel näher. Der Vogelfänger dachte, dass sie ihn entdeckt hätten und deshalb umso lauter warnten. Als er dann aber nach seinem Netz sah, war die Überraschung groß: Es war voller Papageien – die alle lauthals schrien: „Jäger wird kommen, spannt sein Netz, fliegt nicht hinein, fliegt weg!“[104]

Diese von Sukadev Bretz nacherzählte klassische Yoga-Geschichte lehrt uns den Unterschied zwischen innerem und äußerem Wissen. Informationen, die nur äußerlich und ohne inneres Verständnis weitergegeben werden, können sich weit verbreiten, dabei aber das Wesentliche verlieren.

Innere und äußere Kreise von SchülerInnen

Auch auf den Entwicklungswegen der großen Religionen ist die Gefahr, das Wesentliche zu verlieren, stets gegeben. An ihrem Anfang gibt es zumeist einen erleuchteten Menschen oder Propheten, jemanden, der Zugang zu anderen Bewusstseinsdimensionen besitzt und dadurch größere Zusammenhänge wahrnehmen kann.[105] Das so Geschaute dann aber über das begrenzte Medium der Sprache an seine Mitmenschen weiterzugeben, ist eine große Herausforderung. Meist nutzen die großen spirituellen LehrerInnen dazu Bilder, Metaphern und Gleichnisse, die eine Ahnung der anderen Wirklichkeit ermöglichen sollen. Außerdem schlagen sie religiöse Praktiken vor, zur Kultivierung von Herz und Geist. Eine intensive und auf den Einzelnen zugeschnittene Schulung muss dabei jedoch auf einen inneren Kreis von SchülerInnen beschränkt bleiben. Diese erleben in der Nähe ihres Lehrers seine natürliche Autorität und die Integrität seiner Lebensführung, wodurch sie ihm und seinen Lehren vorbehaltlos vertrauen können. So erhöht sich ihre Chance, unter der Führung ihres Meisters ebenfalls Augenblicke der Bewusstseinserweiterung zu erleben. Nur wer selbst geschaut hat, kann verstehen, was mit den Worten und Praktiken gemeint ist.

Große WeisheitslehrerInnen haben aus genau diesem Grund immer wieder das geschriebene Wort gescheut. Sie versuchen stattdessen, sich in persönlichen Lehrer-Schüler-Verhältnissen auf die Entwicklungsstufe und Verständnismöglichkeit des jeweiligen Aspiranten einzustimmen, um ihm den gerade möglichen nächsten Schritt aufzuzeigen. Für einen Schüler etwa, der überwiegend in der materiellen Welt verhaftet und vollkommen mit seinem Körper identifiziert ist, kann es sinnvoll sein, wenn man ihm sagt, dass er eigentlich eine Seele ist, ein geistiges Wesen, nicht ein Körper. Dieser Satz ermöglicht es ihm, sich von der reinen Körperlichkeit zu lösen und andere Erfahrungsdimensionen zu suchen. Jemand anderes dagegen, der ein großes Ego besitzt und stolz auf seine besondere Individualität ist, kann durch die Idee einer Seele dazu verführt werden, sie seiner Egovorstellung einzuverleiben – quasi als immateriellen und unsterblichen Egoanteil –, womit er sich noch weiter selbst erhöhen und dadurch vom Göttlichen entfernen würde. Wenn ein Lehrer nun erklärt, dass die Vorstellung von individuellen Seelen eine Illusion ist, wird das lehrreich sein für denjenigen, der gehofft hat, seine Persönlichkeit nach dem Tod erhalten zu können. Für denjenigen aber, der sich nur als Körper sieht, wird dieser Satz zur Bestätigung seines materiellen Weltbildes beitragen, was ein spiritueller Lehrer nicht bewirken will. Er muss seine Worte also sehr gut wählen und auch beobachten, welche Resonanz sie im Schüler oder in der Schülerin erzeugen. Ein solch fein abgestimmtes Vorgehen ist bei Unterweisung großer Gruppen kaum möglich.

Die erste Generation von engen SchülerInnen eines großen Meisters kann man mit den beiden Papageien vergleichen, die der Eremit bei sich in der Hütte behalten hat. Sie haben vielleicht verstanden, was mit den Worten von *Jäger* und *Netz* gemeint war, schließlich besaßen sie dazu eigene Erfahrungen. Wenn nun aber die erste Schülergeneration loszieht, um die frohe und wichtige Botschaft an einen größeren Zuhörerkreis weiterzugeben, dann kann die feine Abstimmung auf die einzelnen ZuhörerInnen nicht mehr erfolgen. Wo diese Botschaft möglichst vielen Menschen vermittelt werden soll, kann es passieren, dass Quantität vor Qualität geht und einige ZuhörerInnen später Dinge nachplappern, die in ihnen keine inneren Vorgänge ausgelöst haben und für die sie daher kein echtes Verständnis besitzen.

Heilige Schriften und Legenden

Ein angemessenes Verständnis wäre auch im Umgang mit den jeweiligen heiligen Schriften der Religionen wünschenswert. Nach zumeist anfänglich mündlicher Überlieferung wurden diese irgendwann verfasst, um den Kern der Lehre zu bewahren, ihre Authentizität zu bezeugen und die Autorität ihres ersten Lehrers hervorzuheben. Tatsächlich entstanden die meisten von ihnen aber erst Jahrzehnte oder gar Jahrhunderte nach dem Leben des Religionsstifters und beinhalten auch viele Legenden und Ausschmückungen.[106] Teilweise greifen sogar verschiedene Religionen auf dieselben Elemente zurück. So wird die Legende der Unbefleckten Empfängnis nicht nur zur Geburt Jesu, sondern auch zur Geburt Buddhas berichtet.

Für die Zeitgenossen Jesu, die ihn persönlich erlebt und als großen spirituellen Lehrer angenommen haben, waren die Umstände seiner Geburt wohl kaum wichtig. Sie haben seine unmittelbare Präsenz gespürt und bewundert. In unserer heutigen Gesellschaft dagegen hat man oft den Eindruck, dass Weihnachten im Wesentlichen aus der Krippengeschichte besteht. Zudem geht es an diesen Feiertagen in vielen Familien vor allem um Geschenke und gutes Essen und der obligatorische Gang zur Christmette wird der einzige Kirchenbesuch des Jahres bleiben. Daneben finden an Weihnachten aber auch beeindruckende Aktionen statt, wie etwa die, bei der Obdachlose zu einem liebevoll gestalteten Essen eingeladen werden, bei dem Prominente sie bedienen.

Der gemeinsame Kern aller Religionen

Aktionen wie dieses Weihnachtsessen für Obdachlose wird der Dalai Lama meinen, wenn er davon spricht, dass Religionen „auf einzigartige Weise den Fluss des Mitgefühls und großartige Akte des Altruismus" genährt haben.[107] Er sieht im Kern aller Religionen zwei grundlegende Gemeinsamkeiten: Zum einen wird in ihnen eine *überweltliche Dimension* anerkannt und zum anderen haben alle eine Ethik entwickelt, die auf *Mitgefühl* basiert – dieser grundlegenden menschlichen Eigenschaft, die der Dalai Lama als unser angeborenes Erbe bezeichnet: Das besondere Bestreben der großen Weltreligionen liegt darin, „uns dieses Erbe erkennen zu helfen und uns systematische Mittel dafür zu liefern, dass wir es pflegen, verstärken und zur Vollkommenheit bringen."[108]

Neben diesem gemeinsamen Kern aller Religionen gibt es aber durchaus Unterschiede zwischen ihnen, was ihre kulturellen und metaphysischen Aspekte angeht. So macht es für Gläubige einen großen Unterschied, ob sie mit einem außerweltlichen Schöpfergott in Verbindung treten möchten oder ob sie Göttliches als immanent in allen Erscheinungen wahrnehmen. Damit verbunden ist auch das Bild der eigenen Seelensubstanz. In den monotheistischen Religionen, dem Judentum, Christentum und Islam wird nicht nur Gott, sondern auch die Seele personal gesehen. Hier bedeutet beten, einen Dialog mit einem göttlichen Gegenüber zu führen. In den asiatischen Traditionen des Hinduismus und Buddhismus dagegen gilt der seelische Anteil des Menschen als eine Realisation des

All-Einen. Wie eine Welle auf dem großen Meer tritt er für eine gewisse Zeit – vielleicht auch über mehrere Leben – in Erscheinung und nimmt eine Form an, ist dabei aber immer die Grundsubstanz Wasser, ist auch nie von der Ganzheit Meer getrennt. Aus dieser Vorstellung heraus geht es um Erwachen, darum, dass man sich als Welle erkennt – verbunden mit allem, was ist.[109]

Toleranz genügt nicht

Die metaphysischen Fragen nach der Natur des Kosmos und unserem Stellenwert darin werden in allen großen Religionen gestellt und auf ihre ganz eigene Art und Weise beantwortet. Der Dalai Lama als Buddhist kann dabei die Idee eines personalen Gottes nicht annehmen. Er hatte aber als junger Erwachsener Kontakt mit dem amerikanischen Trappistenmönch Thomas Merton, dessen christliche Spiritualität ihn nachhaltig beeindruckte.[110] Durch Erfahrungen dieser Art, durch den Austausch mit tief spirituellen Vertretern anderer Glaubenstraditionen, gelangte er schließlich zur Vision einer *pluralistischen Religionsauffassung*: Es genügt nicht, die eigene religiöse Metaphysik zur einzig wahren zu erklären und alle anderen religiösen Wege gnädig zu tolerieren. Es hilft auch nicht, ihre Unterschiede wegreden zu wollen. Vielmehr soll jeder das glauben, was ihm entspricht, gleichzeitig aber zugestehen, dass andere Menschen sich zu anderen metaphysischen Aussagen hingezogen fühlen und diese dabei genauso wertvoll sind wie die eigenen. Nach

Ansicht des Dalai Lama ist nur eine solcherart pluralistische Einstellung zur Vielfalt der Religionen ein Garant für ihr friedliches Koexistieren.

Aus psychologischer Sicht braucht es für diese Einstellung die Fähigkeit zur *Ambiguitätstoleranz*.[111] Man muss in der Lage sein, widersprüchliche Gedankeninhalte zuzulassen und Grautöne zwischen Schwarz und Weiß auszuhalten. Das ist nicht einfach, weil unser Verstand immer nach *kognitiver Konsonanz* sucht und *Dissonanz* vermeiden möchte: Wenn wir zu einer Angelegenheit, die für uns persönlich wichtig ist, widerstreitende Informationen besitzen, finden wir erst Ruhe, wenn wir die Widersprüche aufgelöst haben.[112] Das kann durch Einholen weiterer Informationen geschehen, aber auch durch Uminterpretationen oder Leugnungen. Beides kann sinnvoll sein, beides kann jedoch auch zu Vereinfachungen führen, die zwar dem Individuum Ruhe bringen, der Sache aber nicht angemessen sind. Die Welt ist nun einmal deutlich komplexer und vielschichtiger, als unser dualistisch denkender Verstand es erfassen kann.

Auch bezüglich der metaphysischen Aspekte von Religionen ist die Versuchung der einfachen Wahrheiten groß. Man entscheidet sich für eine religiöse oder atheistische Position mit ihren spezifischen Aussagen zu Kosmos, Gott, Seele und Körper und wehrt in der Folge alles ab, was dem widersprechen könnte. Im besten Falle lässt man die anderen gewähren, man ist ja tolerant. Der Dalai Lama möchte mehr. Er wünscht sich reife Persönlichkeiten, die sich ganz in ihren je eigenen Glauben versenken können und sich dabei doch einen freudigen Blick für „die wunderbare Vielfalt der Menschheitsfamilie" bewahren.[113] Während die Zugehörigkeit zur eigenen Religion durch *Glauben* getragen ist, soll man gleichzeitig *Hochachtung* für die anderen Religionswege empfinden – ein Gefühl, das aber nur aus der eigenen Glaubenstiefe aufsteigen kann, die eben auch jenseits des bloßen Verstandes existiert.[114] Diese innere Haltung der Hochachtung für andere Glaubenssysteme wünscht der Dalai Lama sich als Grundlage für den interreligiösen Dialog, damit die großen Weltreligionen nicht zu Spaltung und Unfrieden beitragen, sondern sich ihres gemeinsamen ethischen Kerns bewusst werden, um sich darin zum Wohle aller zu verbinden.

Auch ein Atheist kann Religionen schätzen

Dass ein großer spiritueller Führer wie der Dalai Lama sich wertschätzend über Religionen äußert, ist nicht verwunderlich. Alain de Botton, ein erklärter Atheist, tut es aber ebenfalls, das ist interessant. Obwohl er selbst nicht gläubig ist, sieht er sehr wohl, dass Religionen neben ihren Glaubenskriegen und anderen Verfehlungen auch schon sehr viel Gutes auf den Weg gebracht haben. In seinem Buch *Religion für Atheisten* listet er ihre positiven Errungenschaften auf:

Zunächst einmal benennt Alain de Botton ihr großes Potenzial, Gemeinschaften zu schaffen, in denen alle Menschen willkommen und gleichwertig sind – unabhängig von Bildung, Besitz, Aussehen oder Status. Dazu werden entsprechende Treffpunkte wie Gottes- oder Gemeindehäuser vorgehalten, wo aus „Unbekannten Freunde werden können“.[115] Klöster und Ashrams dienen ebenfalls als Begegnungsstätten, zusätzlich ist hier ein zeitweiliger Rückzug in die Einsamkeit möglich – eine Sehnsucht, die auch nicht religiöse Menschen spüren. Wer dabei nach tiefgründigen Gesprächen sucht, wird in spirituellen Gemeinschaften geduldige Ansprechpartner finden. Weiter bieten alle großen Religionen Rituale für verschiedene, eben auch schwierige Lebenssituationen und Übergänge an, wie etwa den Tod eines nahen Angehörigen. Sie geben dadurch Halt und Trost, verankern auf diesem Wege zudem zentrale Werte und ermöglichen moralische Orientierung. Überhaupt ist die Förderung von Moral und Tugenden zum Ziele friedlichen Zusammenlebens ein zentrales Anliegen aller Religionen. So sind etwa das Hinknien der Christen oder die Niederwerfungen von Muslimen und Buddhisten ein Ausdruck von Demut und Bescheidenheit. Wo Werte sprachlich vermittelt werden sollen, kommen in der Regel Predigten zum Einsatz. Diese zeichnen sich dadurch aus, dass sie ihre Zuhörerschaft persönlich und emotional ansprechen und mit konkreten Beispielen beim Transfer der Botschaft in den individuellen Alltag helfen. Und weil dabei jeweils nur ein klar umgrenztes Thema auf eine vertiefte und bildreiche Weise behandelt wird, erhöht sich die Chance, dass davon bei den ZuhörerInnen etwas hängen bleibt. Wenn dagegen zu viele verschiedene Informationen ohne Wiederholungen aufgenommen werden – wie es beim Konsum säkularer Vorträge oft geschieht –, bleiben die Gedächtnisspuren in der Regel nicht lange erhalten. Als Vorbilder, die ja vor allem für Heranwachsende wichtig sind, gelten in religiösen Gemeinschaften Menschen, die ethische Werte und Tugenden verkörpern – im Gegensatz zur säkularen Welt mit ihrer Verehrung für Filmstars und Popidole mit ihrer zumeist modeorientierten oberflächlichen Selbstdarstellung. Auch religiöse Kunstwerke besitzen nach de Botton gegenüber weltlicher Kunst Vorteile. Da sie über das Auge das Herz ansprechen und schulen sollen, werden sie nach Seelenthemen organisiert und in angemessenem Kontext und Ambiente präsentiert – anders, als man es in den nüchternen Galerien säkularer Kunst mit Sortierungen nach Genres und Epochen erlebt. Eine besondere Funktion besitzen dabei mütterliche Heiligenfiguren mit ihrer Ausstrahlung von Sanftheit, wie man sie in vielen Religionen findet, im Katholizismus etwa als Muttergottes. Bei ihrer Anrufung können Gläubige besonderen Trost finden, vor allem auch für die inneren kindlichen Anteile, die wir alle unbestreitbar besitzen. Zusätzlich zu Kunstwerken, auch Musikstücken, die direkt an Seelisches rühren können, stellen Religionen mit der Sakralarchitektur Bauwerke zur Verfügung, in denen man Stille und Harmonie erleben und zur Ruhe kommen kann. Dabei verweisen Religionen immer auch „auf etwas, das größer, älter und erhabener ist als wir selbst", wodurch übersteigerte menschliche Erwartungen und Allmachtsfantasien verhindert werden.[116] Aus einer solchermaßen bescheideneren Grundhaltung heraus kann dann auch die Tugend der Dankbarkeit entwickelt werden, die sich zum Beispiel in regelmäßigen Tischgebeten zeigt. Und nicht zuletzt haben alle großen Religionen gut organisierte und weitverzweigte Institutionen aufgebaut, die „die Bemühungen von Einzelkämpfern bündeln (...), die am Wohlergehen unserer Seele interessiert sind.“[117]

Alain de Botton kommt zu dem Schluss, „dass Lösungen für viele der Probleme der modernen Seele bei den Religionen zu finden sind, sobald man diese von ihren übernatürlichen Strukturen herausgelöst hat, mit denen sie ursprünglich konzipiert wurden.“[118] Er möchte statt ihrer säkulare Institutionen, die Konzepte und Organisationsformen von Religionen übernehmen, dabei aber auf die Idee der Überweltlichkeit verzichten. Und hier stellt sich die Frage, ob das funktionieren kann – und vor allem auch, ob das dem seelischen Anteil in uns genügt?

Depressionen einmal anders betrachtet

Lisa Miller, eine amerikanische Neurowissenschaftlerin und Professorin für Klinische Psychologie, beantwortet obige Frage mit einem klaren Nein. Sie vertritt die Auffassung, dass das Bedürfnis nach spirituellen Erfahrungen – dieser „Hunger nach Liebe, Verbundenheit und Transzendenz“ – genetisch in uns allen angelegt ist.[119]

Bei ihren Untersuchungen zu Ursachen und Behandlungsmöglichkeiten von Depressionen, die in unserer westlichen Gesellschaft so besorgniserregend zunehmen, zeigte sich immer wieder ein enger Zusammenhang zur persönlich gelebten Spiritualität. Lisa Miller konnte aufzeigen, dass diese nicht nur vor Depressionen schützt, sondern dass sie manchmal gerade in Phasen von Depressionen geweckt wird. So fand sie in einer Untersuchung an jungen Erwachsenen, dass diejenigen mit einer besonders ausgeprägten Spiritualität diese oft während einer schweren depressiven Krise in ihrer Jugend entwickelt hatten: „Offenbar dient die Auseinandersetzung mit Momenten des Schmerzes und der Leere tatsächlich als Katalysator für die Entstehung von Spiritualität."[120] Nachfolgend kam es bei diesen jungen Erwachsenen kaum zu weiteren depressiven Phasen – ganz im Gegensatz zur Gruppe der nicht spirituellen jungen Erwachsenen, die deutlich mehr Rückfälle erlitten. In weiteren Untersuchungen habe zudem vieles darauf hingedeutet, dass es eine gemeinsame neuronale Grundlage für Spiritualität einerseits und Depressionen andererseits gibt. Sie seien so etwas wie zwei Seiten derselben Medaille.[121]

Lisa Miller stellt klar heraus, dass es verschiedene Kategorien von Depressionen gibt, die unterschiedliche Entstehungsgeschichten aufweisen und auch unterschiedlicher Behandlungen bedürfen. Eine spezielle Unterart von Depression aber könne man als „Ruf der Seele" verstehen, als „eine spirituelle Aufforderung zu einem vollständigeren Leben, zu tieferer Liebe und zur Öffnung für den Dialog mit dem heiligen Universum."[122] Wichtig ist dabei die Unterscheidung zwischen persönlich erlebter Spiritualität und Religiosität. Beides kann gut zusammen gehen. Wenn aber Religionsausübung lediglich äußerlich und ohne innere Anteilnahme vollzogen wird, besitzt sie nach Lisa Miller keine schützende Wirkung gegen das Auftreten psychischer Erkrankungen. Erst wo ein eigenes Spüren der überweltlichen Dimension ins Spiel kommt, kann die menschliche Psyche an Gesundheit gewinnen.

Eingebundensein und Bindung

Was aber, wenn Heranwachsende in unserer säkularen Welt religiöse und spirituelle Werte nicht mehr vermittelt bekommen, diese vielleicht sogar als altmodisch und peinlich dargestellt werden? Wo finden sie dann Zuflucht in Krisen und bei den großen Sinnfragen, die sich nun einmal nicht dauerhaft unterdrücken lassen? Werden sie beantwortet durch noch mehr Leistungsstreben und Statussymbole, durch noch mehr Grenzüberschreitungen beim Sport und Konsumieren bewusstseinsverändernder Substanzen? Kann dadurch tiefgehende und stabile Befriedung erreicht werden?

Spiritualität und Religiosität suchen nach einem Gefühl von Eingebundensein in Größeres, was die engen Ich-Grenzen weitet und zu mehr Gelassenheit und einem Gefühl von Urvertrauen führt. Dort, wo dieser Zugang fehlt und er auch gesellschaftlich nicht für angemessen und förderungsfähig gehalten wird, könnte die Bindungstheorie so etwas wie ein weltlicher Ersatz sein. Auch hier geht es um Verbundenheit und Urvertrauen, um die Suche nach emotionaler Stabilität. Diese wird aber im konkreten persönlichen Umfeld angesiedelt und nicht als Gefühl der Verbindung mit der gesamten Menschheitsfamilie, mit allen fühlenden Lebewesen, mit dem Kosmos, dem All-Einen oder Göttlichen gesehen. Unser Bedürfnis nach Liebe und Verbundenheit wird durch die Bindungstheorie aufgegriffen, nicht aber das nach Transzendenz.

Spirituelle Schulen betonen stets, dass unser großes Ego uns unglücklich macht, dass wir es zugunsten einer geweiteten Perspektive minimieren sollten. Solange nun eine bindungsbasierte Erziehung dazu führt, dass Kinder zu ausgeglichenen und sozialen Wesen heranwachsen, ist das natürlich auch im Sinne spiritueller und religiöser Ansätze. Auch aus ihrer Sicht ist es wünschenswert, dass Kinder Liebe erfahren, um auf Basis dieser Erlebnisse dann selbst ebenfalls liebevoll handeln zu können. Wo aber Eltern in ihrer eigentlich gut gemeinten bindungsorientierten Erziehung über das Ziel hinausschießen und ihrem Kind in all seinen Launen folgen, um immer sofort jeden Wunsch zu erfüllen und jegliche Frustration zu vermeiden, erziehen sie ihrem Kind ein großes Ego an. Das ist in unserer Konsum- und Leistungsgesellschaft zwar durchaus erwünscht, stellt aus Sicht spiritueller Ansätze jedoch gerade keinen Weg zum Glücklichsein dar.

Mystik als Chance

Aber wie kommt man nun zu dieser geweiteten Perspektive, zu Erfahrungen von Transzendenz, also Selbstüberschreitung? Und welche Rolle spielen dabei Religionen?

Alle Religionen besitzen mystische Strömungen, haben sich in ihren Anfängen auch genau daraus entwickelt. Und eben hier sind für die Gläubigen eigene Erfahrungen von Transzendenz möglich. Nur im Nachsprechen von Dogmen und im gehorsamen Befolgen von Regeln, im lediglich äußeren Vollzug von Ritualen und Glaubensbekenntnissen sind keine bewusstseinserweiternden Erfahrungen zu erwarten. Mystische Erfahrungen von Transzendenz findet in der Regel nur, wer innerlich sucht oder zumindest bereit ist – wer die äußeren Augen schließt, um die inneren zu öffnen, wie Plotin es ausdrückte.[123]

Auch das Christentum besitzt eine reiche mystische Tradition, verbunden mit Namen wie Meister Eckhart, Hildegard von Bingen, Teresa von Ávila, Franz von Assisi und vielen anderen. In den heutigen christlichen Kirchen sind mystische Elemente jedoch kaum präsent. „Wer das sucht, hat meist gar keine andere Wahl, als sich in anderen religiösen Traditionen umzusehen“, äußerte der 2020 verstorbene Benediktinermönch Willigis Jäger.[124]

Sein Orden hatte ihn wegen einer kirchlichen Aufgabe für mehrere Jahre nach Japan geschickt, wo er die Gelegenheit ergriff, sich zum Zen-Meister schulen zu lassen. Anschließend vertrat er gleichzeitig zwei unterschiedliche spirituelle Wege, einmal den westlich-christlichen und einmal den östlich-buddhistischen. Tatsächlich hat er dabei „erst über den Umweg nach Japan die Schätze der eigenen christlichen Tradition wahrnehmen und würdigen können.“[125]

Willigis Jäger spricht sich für Reformen in den christlichen Kirchen aus. Er bemängelt, dass dort seit zweihundert Jahren eine konsequente Rationalisierung des Glaubens stattfindet, mit einer untergründigen Ablehnung alles Mystischen durch kirchliche Lehrautoritäten.

Außerdem würde die christliche Theologie an einem mittelalterlichen Weltbild festhalten, das in großer Diskrepanz zum derzeitigen naturwissenschaftlichen Weltverständnis steht und dessen Bilder und Metaphern heutigen Christen nicht mehr viel zu sagen haben. Wo etwa begegnen uns heute noch Hirten? Was kann aus unserem heutigen Weltbild heraus die Aussage *Der Herr ist mein Hirte* in uns auslösen?

Nach Willigis Jäger sind Religionen „Weggemeinschaften von Menschen, die eine Antwort auf die Sinnfrage ihres Lebens suchen."[126] Diese Antworten aber müssen immer wieder neu und vor allem auch angepasst an den Zeitgeist der jeweiligen ZuhörerInnen formuliert werden. Das gelingt meist dort, wo Religionen Heil durch Selbsterkenntnis und innere Wandlung versprechen. Dazu ist es schließlich notwendig, die Gläubigen in ihren Verständnismöglichkeiten abzuholen. Wo Religionen dagegen eine Erlösung von außen in Aussicht stellen, scheint es zu genügen, wenn ihre AnhängerInnen gehorsam die vor langer Zeit aufgestellten Regeln und Gebote befolgen.

Aus mystischer Sicht

Sehen wir uns nun einige spannende Aussagen von MystikerInnen an und beginnen mit Rabi'a al-Adaviyya von Basra, einer Heiligen des frühen Islam. Sie kritisierte äußerliche Frömmigkeit, besonders auch die Idee, mit Gott einen Tauschhandel eingehen zu können: Man befolgt die religiösen Regeln und Gebote, gibt Glaubensbekenntnisse und gute Taten und wird dafür später von ihm belohnt oder erhält nach den Gesetzen des Karma eine gute Wiedergeburt. So sollte ein religiöser Mensch sich nach Rabi'a nicht verhalten. Berühmt ist die Anekdote, in der sie mit einem Wassereimer und einer Fackel durch die Straßen Basras ging und erklärte, sie wolle Wasser in die Hölle gießen und Feuer ins Paradies bringen, damit diese beiden Vorstellungen endlich verschwinden: Gott soll weder aus Angst vor Strafe noch aus Hoffnung auf Belohnung gesucht werden, sondern einzig und allein um *seiner selbst willen.*[127] Rabi'a tat genau dieses, besonders nachts, und genoss die mystische Vereinigung mit ihrem großen Geliebten, wie sie ihn nannte. Wer Gott selbst erfahre, verliere alle anderen Wünsche. Nur diese eine Erfahrung sei erstrebenswert.

Rabi'a von Basra zählt zu den Sufis – MystikerInnen, die zumeist dem Islam zugeordnet werden.[128] Bei ihnen finden wir diverse spannende Alternativdeutungen zu zentralen religiösen Aussagen. So spricht der Koran in sufischer Lesart nicht über Männer und Frauen, sondern über männliche und weibliche Prinzipien, wie sie sich in jedem Mann und in jeder Frau finden und wie sie in der chinesischen Philosophie als Ying und Yang bezeichnet werden. Auch kann der Dschihad als nur innerer Kampf gedeutet werden gegen alles, was den Gläubigen von seinem spirituellen Weg abbringt.

Der christlich-buddhistische Mystiker Willigis Jäger gibt uns eine interessante Interpretation des Begriffs vom Jenseits: Dieses ist nicht ein Ort in einer anderen Welt, die wir nach dem Tod betreten, sondern es ist ein Zustand jenseits unseres menschlichen Zeitempfindens.[129] Ganz im Sinne von Kant sieht auch Willigis Jäger, dass wir uns die Kategorien Zeit und Raum selbst konstruieren. Während mystischer Erfahrungen aber wird dieses Alltagsbewusstsein transzendiert, überschritten, was zum Erleben von Zeitlosigkeit führt. Die Zeit steht dann still und man erkennt, dass unsere Vorstellung von ihr eine Illusion ist. Wer in der Lage ist, diese Illusion zu durchbrechen, auch wenn es nur für kurze Momente geschieht, befindet sich direkt im Jenseits oder in der Ewigkeit – und das bereits jetzt, nicht erst nach seinem leiblichen Tod. Wenn man mit dieser mystischen Sichtweise an den Jenseitsbegriff herangeht, öffnen sich ganz neue Möglichkeiten für das Verständnis der heiligen Texte, im Besonderen auch zum Thema Auferstehung. Sie ist dann jederzeit möglich – als Erwachen zur wahren Wesensnatur.

Zur jungfräulichen und unbefleckten Empfängnis, wie sie zu Buddha, Jesus und auch Krishna berichtet wird, führt Willigis Jäger ebenfalls eine mystische Deutung an: Sie besagt, dass nicht nur die großen spirituellen Führungsfiguren, sondern wir alle direkt von der göttlichen Wirklichkeit abstammen und beständig mit ihr verbunden sind – sie quasi ein Funke in unserer Seele ist, wie es etwa Meister Eckhart formuliert hat.[130] Dieser tiefste Kern in jedem von uns kann nicht verletzt oder mit Schuld beladen werden, er ist und bleibt göttlich und unbefleckt. Der besondere Stellenwert der großen spirituellen Führungsfiguren besteht darin, dass man diesen Umstand an ihrem Beispiel erkennen kann, weil das Göttliche bei ihnen durchscheint.

Wie berührt man einen Elefanten?

Wie wir gerade gesehen haben, lassen religiöse Aussagen und Praktiken sich immer unterschiedlich auslegen, je nach kulturellem Umfeld und persönlichem Zugang. Die eine wahre, unumstößliche Interpretation gibt es dabei genauso wenig wie die eine einzig wahre Religion.

In der weitverbreiteten Parabel von den blinden Männern und dem Elefanten findet sich dafür ein schönes Bild. Sie erzählt von einem König, der zwar von Elefanten gehört, aber noch nie einen gesehen hatte. Daher bat er seine Gelehrten, sie möchten doch bitte nach Indien reisen und dort einen Elefanten ausfindig machen. Diese Gelehrten, die im Übrigen alle blind waren, machten sich nun also auf die Reise und wurden in Indien auch bald zu einem Elefanten geführt. Voller Ehrfurcht betasteten sie ihn und allen war klar, dass das ein sehr großes Tier sein musste. Aber jeder bekam nur einen Teil des Elefanten zu fassen. Der eine ergriff eines seiner riesigen Ohren, ein anderer packte ihn am Schwanz. Wieder ein anderer langte an die Hinterbacke und ein weiterer wunderte sich über den Rüssel. Voller subjektiver Eindrücke reisten die Gelehrten wieder nach Hause und berichteten ihrem König von dem Erlebten. Dabei erst wurde ihnen klar, dass ihre Aussagen überhaupt nicht zusammenpassten, sie ganz unterschiedliche Dinge erfahren hatten. Aber der weise König dankte ihnen und erklärte, dass sie eben jeder nur einen kleinen Teil des großen Ganzen ertastet hatten und deshalb auch nur darüber berichten konnten. Das sei nicht ihre Schuld, da sie ja nun einmal blind seien.

Außerdem habe er, der König, so trotzdem eine Ahnung dieses beeindruckenden Tieres bekommen.[131]

Und die Moral von der Geschicht? Alle haben recht und keiner kann das große Tier im Ganzen erfassen. Vor allem jedoch sollten wir unser Bewusstsein für die eigene Blindheit und Beschränktheit pflegen und uns auch dadurch die Demut vor der unermesslichen Größe der überweltlichen Dimension erhalten.

Die Parabel lässt sich im Übrigen auf zwei Ebenen anwenden: Zum einen kann der Elefant für die überweltliche Dimension stehen, von der jede Religion eben nur einen kleinen Ausschnitt zu fassen bekommt. Zum anderen kann er aber auch für jede einzelne Religion stehen, die von ihren Gläubigen notwendigerweise subjektiv erlebt und praktiziert werden muss. Je nachdem, ob man dann mit eher mystisch orientierten oder aber mit dogmatisch, vielleicht sogar fundamentalistisch ausgerichteten Gläubigen spricht, wird man sehr unterschiedliche Dinge über sie berichtet bekommen.

Vom Suchen

Erinnern Sie sich noch an die Geschichte vom Eremiten und den Papageien vom Anfang dieses Kapitels? Lassen

Sie uns dorthin noch einmal zurückkehren. Der Versuch des Eremiten, die Papageien des Waldes vor dem Vogelfänger zu retten, hatte ja nicht funktioniert, da war offensichtlich etwas schiefgelaufen. Aber wäre vielleicht auch eine positive Wendung dieser Geschichte möglich gewesen? Und wie wäre das gegangen?

Zunächst einmal hätten die vielen Papageien sich bewusst machen müssen, dass sie etwas nachplappern und durch den Wald krächzen, was sie überhaupt nicht verstanden haben, dessen Bedeutung sich ihnen nicht erschlossen hat. Nach dieser Erkenntnis dann hätten sie nachfragen müssen, von wem diese Botschaft eigentlich kommt. Und so wären sie hoffentlich entweder bei den beiden Papageien gelandet, die direkt von dem Einsiedler unterrichtet worden waren, oder sogar beim Einsiedler selbst. Sie hätten also nach der Quelle suchen und um Unterweisung und Erklärung bitten müssen. Gleichzeitig hätte es aber auch die Möglichkeit gegeben, wachsam zu bleiben und die Umgebung daraufhin zu beobachten, ob dort etwas auftaucht, auf das die Begriffe von *Jäger* und *Netz* passen könnten. So oder so, sie hätten sich auf eine *Suche* begeben müssen.

Und genau dazu sind Religionen auch da: Sie erinnern uns daran, dass es etwas zu suchen gibt, und erzählen uns von denen, die es gefunden haben. Sie verweisen auf Transzendentes und gründen darin, sind in ihren konkreten Ausformungen jedoch menschengemacht. Religionen sind immer in konkrete historische Komplexe eingebettet – mit deren Kultur- und Gesellschaftsformen, Begriffssystemen und spezifischen Zugängen zum Göttlichen. Sie sind immer auch an einzelne herausragende Persönlichkeiten geknüpft, mit ihren auch nur allzu menschlichen Neigungen. Damit finden sich in jeder Religion sowohl Licht als auch Schatten. Man braucht Ambiguitätstoleranz, um damit umzugehen, um einen eigenen Standpunkt zu finden. Aber die wichtigste Frage bleibt doch, ob ich in meiner Religion etwas finde, das mich im Innersten berührt, das meinem Leben eine tiefere Dimension und eine sinnstiftende Einfärbung gibt. Höre ich durch meine Religion Töne, die es sonst für mich nicht gäbe? Oder lasse ich mich einfach nur durch ihre schönen Worte beruhigen und wähne mich in emotionaler Sicherheit, weil ich ja zu den „Guten" gehöre? Spätestens in der Todesstunde wird sich zeigen, ob mein Glaube echt und tief gewesen ist oder ob ich nur äußeres Wissen nachgeplappert habe.

Willigis Jäger vergleicht die Vielfalt und den Sinn aller Religionen mit bunten Kirchenfenstern: Keine von ihnen kann das göttliche Licht im Ganzen an ihre Gläubigen vermitteln – das wäre für uns Menschen auch nicht aushaltbar, es würde uns blenden und verbrennen. Aber jede ermöglicht durch ihr eigenes Glas mit seinen spezifischen Einfärbungen, dass ein Teil des großen Lichtes sich an einem bestimmten Ort auf eine bestimmte Weise brechen kann, wodurch es für die Gläubigen ansatzweise erfahrbar wird.[132]

Dort, wo Licht durch diese Fenster scheint, leisten sie einen wertvollen Dienst. Wo aber hinter ihnen kein Licht mehr ist, haben sie ihre Funktion verloren.

Die größte Offenbarung ist die Stille.
Laotse

Kapitel 6

Andere Bewusstseinswelten – Fantasie oder Realität?

Am Ende unserer gemeinsamen Reise möchte ich Sie auf ein letztes großes Abenteuer einladen. Wir erreichen jetzt die Hochebenen der Spiritualität und Medialität.

Klingt das nicht ein bisschen zu esoterisch? Wozu diese Hirngespinste? Diese Fragen könnten Ihnen gerade durch den Kopf gehen. Und vielleicht kommen Sie später zu dem Schluss, dass Ihnen dieser Ausflug wirklich zu abwegig war. Sie gehen gerne über Brücken, aber Bungee-Jumping würden Sie niemals machen, so ein Typ sind Sie eben nicht. Ja, das ist vollkommen in Ordnung. Sehen Sie es einfach als Exkursion in ein besonders exotisches Gebiet. Manche werden sich dort erstaunlich schnell heimisch fühlen, bei anderen wird ein deutliches Fremdheitsgefühl bleiben. Menschen sind unterschiedlich. Die einen reisen gerne ans Meer, andere in die Berge. Die einen sind auf Ameland, die anderen einmal quer durch Südamerika unterwegs. Manchmal weiß man vorher sehr genau, welche Art des Reisens zu einem passt, manchmal wird man überrascht. Erwartungen können unerfüllt bleiben, sie können aber auch übertroffen werden. Und natürlich finden wir hin und wieder auch Dinge, nach denen wir scheinbar gar nicht gesucht haben. Bleiben wir also spielerisch!

Wir werden noch einmal psychologische Felder streifen, beispielsweise machen wir uns Gedanken zur Methode der Zwillingsforschung. Aber auch eine Idee zur Abgrenzung der beiden Begriffe *Psyche* und *Seele* wird uns begegnen – eine Unterscheidung, die ich gerade als Psychologin sehr sinnvoll finde. Außerdem kommen wir auf das Phänomen der Nahtoderfahrungen zurück und erkunden dazu neue Sichtweisen. Es wird noch einmal richtig bunt!

Starten wir jetzt in Indien – dem Land, welches im Besonderen mit Spiritualität in Verbindung gebracht wird. Hören wir von einer europäischen Frau, die dort ihren Meister gefunden hat.

Beim indischen Meister

Sie drückte ihre Stirn an seine kalten Füße, sie die Europäerin, eine englische Frau Ende fünfzig – inmitten dieses indischen Haushaltes, wo er gerade gestorben war und auf dem Bett lag. Mit im Raum war seine Familie, die Frauen saßen mit verhüllten Gesichtern weinend am Boden. Sie hätte sich zu ihnen setzen können, aber dann wäre sein Antlitz für sie nicht mehr zu sehen gewesen. Und so ging sie hinein und wieder hinaus, blieb etwas im Garten, um dann wieder hineinzugehen – jedes Mal mit sehnsüchtigem Blick auf sein Gesicht, das ihr oft so überirdisch und strahlend erschienen war und das sie sich nun tief einzuprägen versuchte.[133] Sie, die russischstämmige Engländerin, hatte jahrelang in der Nähe seines Hauses gelebt, in kleinen Zimmern oder Wohnungen, mit nur sehr wenig Geld. Täglich hatte sie ihn besucht, bei ihm im Garten oder, wenn er es erlaubte, auch bei ihm im Zimmer gesessen. Manchmal hatten sie sich auf Englisch unterhalten, oft aber war sie schweigend bei ihm gewesen.

Damit war sie nicht die Einzige. Radha Mohan Lal, der große Sufi-Meister aus Kanpur (gest. 1966), war ein bedeutender spiritueller Lehrer – nicht nur für die Menschen aus seiner indischen Umgebung, sondern auch für einige EuropäerInnen, die ihn immer wieder besuchten und in den Zeiträumen dazwischen über Briefe mit ihm in Kontakt standen. Auch Irina Tweedie (gest. 1999) war während ihrer spirituellen Schulung nicht durchgängig bei ihm geblieben. Mehr als zwei Jahre hatte sie tatsächlich in der indischen Ebene gelebt und die unerträglich heißen Sommer dort ertragen. Eine ähnlich lange Zeit war sie aber auf seine Weisung hin in London gewesen, hatte dort Vorträge gehalten und eine erste Schülerin unterwiesen. Und auch in dieser Zeit wurde sie durch ihren Meister Radha Mohan Lal weiter geschult, war mit ihm intensiv im Herzen verbunden.

Sufis sehen im energetischen Herz-Zentrum den Ort, an dem das Göttliche erfahren werden kann. Deshalb wird in allen sufischen Traditionen an der Reinigung und Entwicklung dieses *Herz des Herzens* gearbeitet.[134] Es soll so blank wie ein Spiegel werden, soll nicht mehr mit Ego-Inhalten angefüllt sein, sondern davon leer werden, um möglichst viel der göttlichen Wirklichkeit spiegeln zu können.

So geschah es auch bei Irina Tweedie. Während der ganzen fünf Jahre, die sie Radha Mohan Lals Schülerin war, hatte er mit ihrem Herzen gearbeitet. Zunächst mussten sie dafür in räumlicher Nähe sein, später ging es auch über weite Entfernung.[135] Voraussetzung dafür ist eine starke geistige Verbindung zwischen Meister und Schüler, eine gegenseitige Konzentration aufeinander, von Sufis auch *tawajjuh* genannt. Allgemein ist es im Sufismus so, dass enge Meister-Schüler-Beziehungen gepflegt werden, der Meister die individuelle Entwicklung des Schülers oder der Schülerin begleitet und anleitet. In der *Naqshbandiyya* aber – einem Sufi-Orden, der seinen Ursprung in Buchara im heutigen Usbekistan nahm und dem auch Radha Mohan Lal angehörte[136] – geschieht diese Begleitung auf eine ganz besondere Art und Weise. Bei der bekannten Islamwissenschaftlerin Annemarie Schimmel liest man dazu: „Der Shaikh pflegt auch *tawajjuh* zu üben und so ‚in die Tür des Herzens seines Jüngers einzutreten', um ihn in jedem Moment zu überwachen und zu hüten. Mit seiner Kenntnis von Dingen, die potentiell in Gottes ewigem Wissen existieren, ist er fähig, gewisse Möglichkeiten auf dieser Welt zu verwirklichen."[137]

Wenn Radha Mohan Lal – auch *Bhai Sahib, älterer Bruder* genannt – mit ihrem Herzen arbeitete, spürte Irina Tweedie dort Vibrationen und einen veränderten Herzschlag. Gerade zu Beginn ihrer Schulung konnte das auch Schmerzen und Leid bedeuten: „Und dann ging es wieder los … Eigentlich hatte es schon sanft angefangen, als wir noch draußen saßen. Sobald er mit dem Beten begann, nahm es an Stärke zu, und ich wusste, dass er mir eine Sitzung geben würde (…). Welle folgte auf Welle, der Strom wurde mächtiger und mächtiger, und es kam so weit, dass die Spannung in meinem Körper für mich fast nicht mehr zu ertragen war und ich regelrecht litt. Ich musste die Hände so fest wie möglich gegen die Brust pressen, so groß war der Schmerz. Er bemerkte meine Haltung, warf mir einen kurzen Seitenblick zu und fuhr dann mit geschlossenen Augen zu beten fort. Mein Verstand war ausgeschaltet. Weiter folgte Welle auf Welle. Es war solch unglaublicher Schmerz, solch ungeheure Sehnsucht."[138]

All diese besonderen Erfahrungen, die schwierigen, aber auch die schönen und erfüllenden, schrieb Irina Tweedie gemäß der Weisung ihres Lehrers in einem Tagebuch auf, das zu einem Klassiker der spirituellen Literatur wurde. Während für die überwiegende Zahl von Radha Mohan Lals SchülerInnen eine ruhige und langsame Schulung über gemeinsame Meditationen stattfand, war Irina Tweedie bereit gewesen für die intensive und entbehrungsreiche Schulung auf dem *Pfad der völligen Entsagung* und wurde dafür von Radha Mohan Lal angenommen. Sein Vater, ebenfalls Sufi-Shaikh, hatte für diese Arbeit einmal das Bild vom Magnetismus benutzt. Das Eisen, die Schülerin, wird dem magnetischen Feld, dem Meister, so lange ausgesetzt, bis es selbst ein Magnet geworden ist.[139] Und der Meister ist auf gleiche Weise mit seinem Lehrer und über ihn mit denen davor verbunden, sodass eine energetische Kette entsteht, in die jede und jeder, die hoch genug entwickelt sind, sich einschwingen können.

Auch nach dem Tod von Radha Mohan Lal blieb die energetische Verbindung zu ihm für Irina Tweedie bestehen. „Sie weilen in meinem Herzen. Und in den Zuständen des Nicht-Seins, in der Nacht in tiefer Meditation sind Sie bei mir … Aber Sie sind jetzt so anders, dass ich es gar nicht mehr wage, Sie Guruji zu nennen. Sie sind nur eine Große Kraft, ein Wirbelwind der Energie, der mein gesamtes Wesen in sich einsaugt und nichts zurücklässt außer einer leeren Hülle.“[140]

Das sind große Worte. Wenn Sie, lieber Leser, liebe Leserin, spirituell veranlagt sind, werden Sie sie genießen können. Im anderen Fall werden Sie sich schon seit Beginn dieses Kapitels die Frage stellen, ob es so etwas wirklich geben kann: Bewusstseinsdimensionen, die unser Alltagsverständnis derart übersteigen, dass Verbindungen über weite räumliche Entfernungen, sogar über den Tod hinaus, möglich sind. Oder wird da nicht doch eher ganz grandios etwas zusammenfantasiert? Die Antwort – Sie werden es schon ahnen – ist dieselbe wie in den vorhergehenden Kapiteln. Jede und jeder muss eine eigene Position finden, muss und darf eine eigene Entscheidung fällen. Und dabei ist es im Übrigen auch erlaubt, durch verschiedene Phasen zu gehen. In manchen Lebensphasen wird man zusätzliche Bewusstseinsdimensionen für möglich halten, in anderen Lebensphasen wiederum wird man sie ablehnen. Manche lehnen sie immer ab, manche lehnen sie nie ab und manche lehnen sie manchmal ab. Einige ändern ihre Einstellung zu diesem Thema auch durch besondere Erfahrungen, wie etwa ein Nahtoderlebnis. Es bleibt aber dabei, dass es eine objektiv sichere Antwort nicht geben wird.

Medium mit Doktortitel

Sehen wir uns ein weiteres Beispiel an.

Berichte über Kontakte zu anderen Bewusstseinswelten gibt es auch im nicht-religiösen Bereich, im deutschsprachigen Raum etwa haben die Bücher von Varda Hasselmann und Frank Schmolke großes Interesse gefunden.

Varda Hasselmann, Jahrgang 1946, ist Doktor der Literaturwissenschaft und arbeitete bereits an ihrer Habilitation. Eine ehrenwerte wissenschaftliche Karriere schien ihr Lebensweg zu sein, aber es kam anders. Als sie mit Mitte dreißig ihre mediale Begabung entdeckte, gab sie ihre sichere Beamtenposition an der Universität auf und ging das Wagnis der Erkundung und Nutzung dieser besonderen Fähigkeiten ein. Schließlich führte dieser Weg sie zum Kontakt mit einer transzendenten Intelligenz, die sie einfach *die Quelle* nennt. In jahrzehntelanger Arbeit empfing sie von dieser Wesenheit aus einer anderen Bewusstseinsdimension Botschaften, in denen es immer um unsere menschlichen Seelen geht: ihre Veranlagung und

Struktur, vor allem auch ihre Entwicklungswege. Dabei wird hier nicht wie bei Irina Tweedie jenseits von Sprache direkt auf das Herz-Zentrum eingewirkt, sondern Frau Hasselmann empfängt Botschaften, die für unseren menschlichen Verstand fassbar sind. Sie selbst als Medium muss sich aber für die Durchgaben von ihrer Persönlichkeit und ihrem eigenen Denken dissoziieren, um so ein neutraler Kanal für die Fremdenergien sein zu können.[141]

Die Sitzungen sehen folgendermaßen aus: Frau Hasselmann, aufrecht und ruhig auf einem Stuhl sitzend, geht mit speziellen Techniken in Trance und wartet auf den Kontakt mit der Quelle, der sich in der Regel bald einstellt. „Das ganz Andere" ist dann „schlagartig da".[142] Ihre Aufgabe als Medium besteht nun darin, sich im Zustand der Trance auf eine bestimmte Art und Weise zu fokussieren, um wie ein Übersetzer die telepathisch übermittelten Gedankenimpulse der Quelle in menschliche Sprache umzusetzen. Ihr Partner, Frank Schmolke, führt sie in die Trance und anschließend auch wieder heraus, überwacht die Tonaufnahme und stellt Fragen an die Quelle. Zumeist sind auch Gruppen interessierter ZuhörerInnen mit im Raum, die ebenfalls Fragen stellen.

Varda Hasselmann beschreibt ihre Arbeit, dieses Sich-Zurverfügungstellen für Fremdenergien, als anstrengend und auf nervlicher Ebene belastend. Anschließend habe sie auch keine Erinnerung an das durchgegebene Material, das sie im Übrigen langsam und druckreif ausspricht. Den Anspruch absoluter Wahrheit vertreten dabei weder sie selbst noch ihre Quelle. Vielmehr würden die Inhalte der Durchgaben „von den transzendenten Informationsquellen in die Welt gesandt, um bestimmten Menschen in einer bestimmten historischen, geistigen und gesellschaftlichen Situation eine Hilfe zur Erkenntnis anzubieten."[143] Die Quelle selbst spricht davon, dass sie grundsätzlich Liebe und Erkenntnis fördern und im Besonderen seelische Dimensionen bewusst machen möchte: „Die Kinder der Aufklärung, des Materialismus und des Rationalismus brauchen mehr als andere eine Öffnung zu jenem Teil, der ihre zweite, irrationale Hälfte ausmacht und der dennoch nicht von den Kräften ihres geschulten analytischen und logischen Verstandes abgelehnt werden muss. (...) Wir möchten ein Gegengewicht schaffen, ohne (wissenschaftliche) Erkenntnis zu leugnen und ihren Wert herabzuwürdigen."[144]

Sich selbst beschreibt die Quelle als eine Kollektiv-Wesenheit, eine Gruppe von 1164 Seelen, die ihre individuellen Entwicklungswege über viele Inkarnationen auf der Erde bereits abgeschlossen haben. Sie würden nun als Gruppen-Entität in nicht körperlichen Welten wirken und sich dabei immer noch weiterentwickeln. Auch sie seien noch lange nicht am Ziel, aber eben doch schon deutlich weiter als wir Menschen. Und genau deshalb könnten sie für uns hilfreich sein.[145]

Wir sind Seelen

Die grundlegende Botschaft der Quelle an uns lautet, dass unser westliches Selbstbild – wir seien ein Körper mit Persönlichkeit, der vielleicht irgendwo eine Seele besitzt –

nicht angemessen ist. Vielmehr seien wir dem Wesen nach Seelen und unser wahres Zuhause liege in nicht körperlichen Welten. Von dort aus unternehmen wir laut der Quelle immer wieder Ausflüge in die Gefilde der Erde und inkarnieren uns dort, verbinden uns also für eine gewisse Zeit mit einem materiellen Körper, um mit seiner Hilfe eine bestimmte Persönlichkeit, ein individuelles Ego hervorzubringen. Dieses Ego überdauert den leiblichen Tod nicht, unsere Seele hingegen schon. Sie geht zurück in nicht materielle Welten und hält sich dort für eine bestimmte Zeit auf, bis sie einen neuen Körper wählt – mit seinen jeweiligen genetischen, sozialen und historischen Gegebenheiten, um mit seiner Hilfe wiederum ein vergängliches Ich hervorzubringen. Dieser Vorgang des Immer-wieder-neu-Inkarnierens folgt dabei in der Lehre der Quelle bestimmten Gesetzmäßigkeiten, die durch ein allgemeines Entwicklungsprinzip getragen sind:

Am Beginn jeder Einzelseele steht die Erfahrung der Fragmentierung. Jede hat ursprünglich einer größeren Einheit, einer *Seelenfamilie*, angehört. So aber wie eine Samenkapsel aufbricht, wenn sie reif ist, hat sich diese Familie irgendwann in viele Fragmente aufgespalten, die nun jeweils ihren individuellen Entwicklungsweg durch die Inkarnationen nehmen müssen, um sich am Ende wieder zu vereinen. Im Vergleich zum Ausgangszustand ist die Familie dann jedoch mit Erfahrungen – mit Bewusstheit und Liebe – angereichert und kann als Ganzes auf eine neue Ebene wechseln. Unser menschlicher Körper mit seiner jeweiligen Psyche und seinem Geist dient der Seele zum Ansammeln von Erfahrungen, die dann der zugehörigen Seelenfamilie und darüber noch umfassenderen Organisationseinheiten zufließt. Genau das ist laut der Quelle der Sinn unserer menschlichen Existenz. Und diese ganze Dynamik entsteht, weil das Allganze, das Tao, sich mit Liebe und Erkenntnis anreichern möchte.[146]

Die Aussagen der Quelle zum Sinn unseres irdischen Daseins entsprechen dabei sufischem Denken. Auch Sufis gehen davon aus, dass das Göttliche die Welt und damit auch jeden einzelnen Menschen hervorbringt, um sich darin selbst wahrnehmen und lieben zu können. Wir alle seien jeweils eine kleine Note in der großen Symphonie des Allganzen.[147] Ein oft zitiertes Hadith drückt es folgendermaßen aus: „Ich war ein verborgener Schatz und sehnte Mich danach, erkannt zu werden, also erschuf Ich die Welt."[148]

Jede Erfahrung ist wichtig

Die Seelenlehre der Quelle ist mit vielen Aussagen religiöser Systeme kompatibel, im Besonderen auch zum Thema Reinkarnation. Wo aber religiöse Systeme vor allem eine Zunahme an Tugenden und ein Abnehmen von schuldhaftem Verhalten als Ziele der einzelnen Inkarnationen ansehen, akzentuiert die Quelle einen anderen Aspekt. Es gehe den Seelen auf ihrem Weg zu umfassender Liebesfähigkeit auch darum, möglichst differenzierte Erfahrungen zu einer bestimmten Facette des Menschseins zu sammeln, dabei vor allem auch immer beide Pole kennenzulernen: In einem Leben etwa erleidet man Gewalt, in einem anderen dagegen fügt man sie jemandem zu. Einmal ist man Opfer und ein anderes Mal Täter oder Täterin. Die Seele habe stets das Bedürfnis, beide Seiten zu erfahren, um dadurch ein möglichst umfassendes und differenziertes Bild menschlichen Erlebens zu erlangen.[149]

Der große Sufi-Mystiker und Musiker Hazrat Inayat Khan (gest. 1927) – der als erster Lehrer den Sufismus in die westliche Welt brachte – äußert sich ganz ähnlich: Die Seele „beginnt, alles zu schätzen, über alles zu staunen. Denn jede gute und auch jede schlechte Erfahrung bringt ihr eine gewisse Freude, die Freude an der Erfüllung des Lebenszieles. Diese Freude fühlt sie nicht nur in der Lust, sondern selbst im Schmerz, bei einem Erfolg und auch bei einem Misserfolg. Freude ist nicht nur der Heiterkeit des Herzens eigen; auch wenn das Herz bricht, fühlt es im Verborgenen eine gewisse Freude. Denn keine Erfahrung ist wertlos. Besonders für die Seele, die ihr Ziel zu erkennen beginnt, ist kein Augenblick im Leben verloren. Denn unter allen Umständen und in jeder Erfahrung wird sie des Sinns ihres Lebens gewahr.“[150]

Vom Säugling zum Greis

Auch bei Hazrat Inayat Khan klingt an, dass die Seele sich entwickelt: Sie beginnt irgendwann, ihr Ziel zu erkennen.

Und diesen Entwicklungsweg der Seele versucht die Quelle in einer für uns nachvollziehbaren Art und Weise darzustellen. Sie nutzt dazu die Analogie zu den uns bekannten menschlichen Altersabschnitten und unterteilt in entsprechende Entwicklungsstadien. Jede Seele müsse diese in ihren bis zu einhundert Inkarnationen durchlaufen, keines könne dabei ausgelassen oder übersprungen werden.[151]

Sehen wir uns nun diese verschiedenen von der Quelle vorgeschlagenen Stufen an:

In den ersten Inkarnationen auf der Erde ist die Seele – wie ein *Säugling* – vor allem mit den neuen Erfahrungen in einem Körper beschäftigt. Sie fühlt zum ersten Mal so etwas wie Hunger und Durst, Wärme und Kälte, Berührung und Schmerz, Krankheit und Sterblichkeit. Mit all dem fühlt sie sich hilflos und überfordert, weshalb sie nach engen körperlichen und sozialen Beziehungen sucht, um dort Schutz und Unterstützung zu bekommen. Bei diesen ersten Erfahrungen auf der Erde geht es vor allem um materielles Bestehen, um Überleben und auch um Fortpflanzung.

Wenn die Seele diese erste Anpassung über mehrere Inkarnationen hinweg bewältigt hat, kommt sie in das *Kind-Stadium*. Nun wird sie neugierig und mutiger, will die Umwelt erkunden. Ihre menschliche Gemeinschaft als Rückhalt und Sicherheit bleibt aber weiterhin wichtig. Die Kindliche Seele stellt an sie vor allem eigene Ansprüche, ist dabei egozentrisch und fordernd, ist noch nicht bereit, Verantwortung für andere zu übernehmen. Denselben Anspruch stellt sie auch an die verschiedenen von ihr aufgestellten Gottheiten, die sie durch Bitten und Gebete für sich und ihre persönlichen Anliegen einzunehmen versucht.

Im nächsten Stadium, dem der *Jungen Seelen*, hat die erkundende Auseinandersetzung mit der Umwelt zu Erfolg geführt und die Seele kann nun aktiv an der Weltgestaltung mitwirken. Dieser Zyklus ist besonders lang und umfasst viele Inkarnationen. Er ist eine Phase großer Aktivität und Selbstständigkeit. Das Ziel der Seele besteht nun darin, sich selbst und die Welt unter Kontrolle zu bringen. Es werden Reichtum, Macht und Status angestrebt – äußerlich gut sichtbare Erfolge. Die Jungen Seelen haben eine hohe Dynamik, sind Macher, glauben an Fortschritt und Verbesserung und können mit dieser Veranlagung tatsächlich viel in der materiellen Welt bewirken. Ihnen haben wir die funktionierenden Abläufe in Gesellschaften zu verdanken; und auch herausragende Leistungen, wie etwa grandiose Bauwerke, gehen auf ihr Konto. Was ihre religiöse Orientierung angeht, finden die Jungen Seelen diese am ehesten in einer monotheistischen Religion mit dogmatischen Vorgaben – mit deutlichen Geboten und Verboten, die eben auch Kontrolle versprechen. Wer sich an die Regeln hält, wird belohnt werden. Am Ende dieses Zyklus wird allerdings oft auch ein gleichgültiger Agnostizismus oder militanter Atheismus gewählt. Noch ganz aus dem Körperlichen und Materiellen heraus lebend, sehen Junge Seelen ausschließlich hierin ihre Wirk- und Erfahrungsstätte.

Das ändert sich im Zyklus der *Reifen Seelen*. Jetzt wird der Blick auch nach innen gelenkt. Die Seele bekommt zum ersten Mal eine Ahnung ihrer selbst. In diesem reifen Entwicklungsstadium kommt es zu Reflexionen, Zweifeln und Introspektionen. Die Seele sucht nach Sinn und findet ihn nicht mehr nur im erfolgreichen Handeln in der Außenwelt. Jetzt wird die innere Befriedigung bei einer Tätigkeit wichtiger als der äußere Beifall. Auch wird nun die Auseinandersetzung mit andersartigen Welt- und Denkbildern gesucht und als Bereicherung erlebt. Man ist weniger egozentrisch, ahnt die innere Verbundenheit mit anderen Lebensformen. Die Reife Seele ist besonders durch ihr Verantwortungsgefühl charakterisiert. Sie wird nicht mehr nur aktiv, um persönliche Erfolge einzustreichen, sondern auch, um die Verhältnisse für andere zu verbessern. Daher findet man viele Seelen dieses Stadiums in helfenden oder bildenden Berufen. Das Materielle wird nicht mehr so wichtig genommen – Möglichkeiten zur geistig-seelischen Weiterentwicklung sind attraktiver als ein dickes Bankkonto. Ethik und Moral werden persönlicher, innere Stimmigkeit wird angestrebt anstatt einfachem Befolgen äußerlich auferlegter Regeln. Und so wird auch Religiosität individueller gelebt. Die Reife Seele hinterfragt Dogmen und sucht nach der spirituellen Wahrheit, die dahinterstehen könnte.

An dieser Stelle sei ein wichtiger Hinweis der Quelle erwähnt, den sie immer wieder gibt. Sie möchte keine Wertung, gar Abwertung, einzelner Entwicklungsstufen. Vielmehr hat gemäß ihrer Lehre jede Seele jede Stufe zu durchlaufen. Und so wie es unsinnig ist, einen Achtzigjährigen für wertvoller zu halten als einen Achtjährigen, ist es auch unsinnig, einzelne Seelenstufen gegeneinander auszuspielen. Jede hat ihre eigenen Entwicklungsaufgaben und jede trägt auch zum Gesamtgefüge bei. Ein „heimlicher Hochmut" der späteren Stufen gegenüber den früheren ist so gesehen nicht angemessen.[152]

Doch zurück zur Reifen Seele. Laut der Quelle versucht sie manchmal, mithilfe von Drogen Bewusstseinserweiterung voranzutreiben. Das hat eine *Alte Seele* nicht mehr nötig. Nach sehr vielen Inkarnationen über viele Tausend Jahre hinweg besitzt sie inzwischen stabile Verbindungen zu anderen Bewusstseinssphären, im Besonderen zu ihrer Seelenfamilie. Wo der Kontakt dorthin in früheren Seelenaltern überwiegend nur im Schlaf geschehen ist, kann die Alte Seele ihn auch im Tagesbewusstsein herstellen – etwa in Momenten der Stille, bei Meditationen oder in der Natur. In ihren letzten Inkarnationen dann spürt die Alte Seele eine starke Sehnsucht nach Wiedervereinigung mit den anderen Fragmenten ihrer Familie, strebt dazu auch Bedürfnis- und Egolosigkeit im irdischen Leben an. Große spirituelle Führer wie Irina Tweedie oder ihr Lehrer Radha Mohan Lal sind diesem letzten seelischen Entwicklungsstadium zuzuordnen. Gleichzeitig richten sich viele Alte Seelen aber auch in äußerlich unauffälligen und zurückgezogenen Lebensweisen ein, um in Ruhe weiter ihre Energien verfeinern zu können. Verbundenheit wird nun vor allem in anderen Bewusstseinssphären gesucht, exklusive menschliche Beziehungen dagegen werden seltener angestrebt. Die Alte Seele fühlt sich durch ihr erweitertes Bewusstsein ohnehin mit allem Lebendigen verbunden und kultiviert darüber eine Liebe, die allumfassend und nicht mehr objektgebunden ist. Wenn die Seele einen Zustand erreicht hat, in dem diese grenzenlose Liebe dauerhaft und stabil fließt, benötigt sie gemäß der Lehre der Quelle keine weiteren Ausflüge in die irdische Dimension, dann kommt ihr Inkarnationszyklus zum Ende und sie ist bereit, mit ihrer Seelenfamilie wieder zu einer Einheit zu verschmelzen.

Die Quelle selbst bezeichnet sich als so eine inzwischen wieder vereinte Seelenfamilie. Bei ihrer Zusammenarbeit mit Frau Hasselmann sticht besonders das Merkmal ihrer Intelligenz hervor, eine Mischung aus Weisen- und Gelehrten-Energie, mit der sie eine kohärente Darstellung der seelischen Entwicklungswege für unser menschliches Verständnis aufbereitet hat. Aber natürlich wurde auch bei ihr in den zurückliegenden Reinkarnationen die allumfassende Liebesfähigkeit entwickelt. Frau Hasselmann spürt sie während der Durchgaben als „Aura von neutraler, bedingungsloser Liebe“.[153]

Edelsteine und Fälschungen

Und wieder stellt sich die Frage, ob es so etwas wirklich geben kann – Lehrende aus anderen Bewusstseinsdimensionen, oder ob ihre Botschaften nicht doch eher der Fantasie oder dem Unbewussten des jeweiligen Mediums entspringen? Auch Frau Hasselmann hatte sich diese Frage anfangs immer wieder gestellt, ist darin deutlich selbstkritisch.[154] Nach vielen Jahren der gemeinsamen Arbeit mit der Quelle und vielen persönlich berührenden Trancedurchgaben und entsprechenden Rückmeldungen von

TeilnehmerInnen ihrer Sitzungen haben sich diese Zweifel bei ihr inzwischen jedoch verflüchtigt, wie sie in einem Interview berichtete.

Ähnlich ging es auch Jane Roberts (gest. 1984), einer amerikanischen Schriftstellerin und Dichterin. Auch sie wirkte mit Unterstützung ihres Lebenspartners als Medium für eine transzendente Bewusstseinsinstanz – diese nannte sich *Seth*. Anders als Frau Hasselmann empfing Jane Roberts aber nicht vorsprachliche Gedankenimpulse, sondern sie hörte Seths Worte in ihrem Kopf und sprach sie dann direkt aus. Jane Roberts hat mehr als zwanzig Bücher mit Seths Durchgaben gefüllt, damit viele Millionen LeserInnen in mehreren Ländern erreicht. Doch auch sie hatte zunächst gezweifelt und sich gefragt, ob die Inhalte der Durchsagen nicht doch ihrem Unbewussten entsprungen seien.[155]

Beide Medien vereint, dass sie hochintelligente, selbstkritische und im Leben und in ihren Berufen bereits erfolgreiche Frauen waren, als der Kontakt mit ihrer jeweiligen Lehrer-Entität begann. Beide hatten es nicht nötig, sich über ihre mediale Arbeit darzustellen oder zu finanzieren. Das aber sieht für viele Akteure auf dem großen Feld der Esoterik anders aus, sodass sich hier zwischen dem Weizen auch sehr viel Spreu befindet: Betrüger, Scharlatane und Trittbrettfahrer, die den ganzen Bereich in Verruf gebracht haben, sodass viele Menschen ihn komplett ablehnen. In der Folge schwankt „die Beziehung des modernen westlichen Menschen zu Prophezeiungen und Weisungen, zu medialen Botschaften und gechannelten Durchsagen (…) zwischen naiver Leichtgläubigkeit und pauschaler Zurückweisung."[156] Ein Mittelweg ist kaum zu finden, da die wenigen Edelsteine möglicherweise authentischer Kontakte in der Masse billiger Fälschungen unterzugehen drohen.

Sowohl die Seelenlehre der Quelle als auch Seths Durchgaben haben allerdings eine große Leserschaft gefunden.[157] Dabei hatte die promovierte Akademikerin Varda Hasselmann vor allem am Beginn ihrer Arbeit große Sorge, sich damit Kritik, Häme und Lächerlichkeit auszusetzen. Tatsächlich sei das aber bis heute nicht geschehen.[158]

Seele und Psyche

Nehmen wir noch einmal einen Aspekt der Seelenlehre in den Blick, der im Besonderen für PsychologInnen interessant ist.

Die Quelle unterscheidet deutlich zwischen *Seele* und *Psyche*: Während eine Seele über Tausende von Jahren besteht und dabei in viele verschiedene Inkarnationen geht, ist die Psyche einem einzelnen Leben auf der Erde zugeordnet, wird durch ein Zusammenspiel der Seele mit dem jeweiligen vergänglichen Körper hervorgebracht. Auf diese Weise durchläuft jede Seele in ihrer langen Entwicklungsgeschichte viele verschiedene Psychen mit ihren spezifischen Persönlichkeiten und ihrem jeweiligen Ich-Gefühl.[159] Die heutige naturwissenschaftlich orientierte Psychologie wird so gesehen ihrem Namen und Anspruch gerecht. Sie beschäftigt sich ja tatsächlich mit einer als vergänglich angenommenen Psyche, versucht, ihre Mechanismen zu verstehen und ihr bei Störungen zu helfen.

Was nun die Entwicklung ebendieser Psyche über den Lebenslauf hinweg angeht, unterscheidet die akademische Psychologie zwischen Anlage- und Umweltbedingungen – dem, was bei Geburt schon mitgebracht wird und dem, was später an äußeren Einflüssen hinzukommt –, wobei es mannigfache Wechselwirkungen dieser beiden Ebenen gibt. Unter dem Aspekt der Anlage wird jedoch nur die Genetik eines Menschen in den Blick genommen, seine materiellen Voraussetzungen. Und genau das würde die Quelle als viel zu kurz gegriffen sehen. Nach ihrer Lehre müssen bei der Entwicklung und Herausbildung einer individuellen Psyche immer auch ihre immateriellen Anlagen mitberücksichtigt werden: die Merkmale der zugehörigen Seele, im Besonderen ihr Alter, ihre Entfaltungsstufe. Laut der Quelle haben die seelischen Merkmale einen deutlichen Einfluss darauf, mit welchen Bedürfnissen und Vorlieben ein Mensch heranwächst, welche Anregungen seiner Umwelt er aufnimmt und welche auch nicht, welche er verarbeiten kann und welche auch nicht. Die verschiedenen Seelenalter bedürfen demnach grundsätzlich unterschiedlicher Herangehensweisen in Erziehung, Förderung und auch Therapie. Und tatsächlich finden sich in den Gruppen, die an den Trancesitzungen von Frau Hasselmann und Herrn Schmolke teilnehmen, oft auch PsychotherapeutInnen sowie PsychiaterInnen und SozialpädagogInnen, die von entsprechenden Fragen umgetrieben werden und ihren eigenen theoretischen Rahmen größer ziehen möchten.

Und wenn dabei die Seelenlehre der Quelle mit naturwissenschaftlichen Methoden auch nicht zu beweisen sein wird, erfüllt sie gleichwohl die Kriterien für eine gute Theorie. Sie ist kohärent, systematisch, in sich widerspruchsfrei und differenziert und kann viele Phänomene erklären. Mit ihrer Hilfe kann man darstellen, warum Menschen in ihrem Wesen so verschieden sind und so unterschiedliche Bedürfnisse besitzen, warum sie etwa unterschiedliche Formen von Beziehungen und Religionsausübungen wählen.

Haben eineiige Zwillinge identische Psychen?

Mithilfe der Seelenlehre lässt sich auch darstellen, warum eineiige Zwillinge schon ab Geburt unterschiedliche Charaktere zeigen können. Die akademische Psychologie hat dafür keine Erklärung. Sie geht – entsprechend ihrer materialistischen Weltsicht – davon aus, dass eineiige Zwillinge aufgrund ihrer identischen genetischen Ausstattung nicht nur gleiche Körper, sondern darüber vermittelt auch gleiche psychische Voraussetzungen mitbringen. Sie müssten demnach in sehr ähnlicher Weise auf die Welt reagieren, etwa gleich extravertiert oder introvertiert, gleich schüchtern, neugierig oder begeisterungsfähig sein.

Mit genau dieser Logik arbeitet dann auch die Zwillingsforschung.[160] Man vergleicht eineiige Zwillingspaare, bei denen man einhundert Prozent gleiche Erbanlagen voraussetzt, mit zweieiigen Zwillingspaaren, bei denen man eine durchschnittliche genetische Übereinstimmung von fünfzig Prozent annimmt. Außerdem stellt man eineiige Zwillinge, die gemeinsam aufgewachsen sind, solchen eineiigen Paarlingen gegenüber, die nach der Geburt getrennt wurden und sich damit in unterschiedlichen Umwelten entwickelten. Mithilfe dieser Vergleiche und so mancher Rechenmodelle versucht man abzuschätzen, wie stark einzelne Persönlichkeitsmerkmale jeweils durch Veranlagung auf der einen Seite oder durch Umweltfaktoren auf der anderen Seite geformt werden.[161] Immer wird dabei vorausgesetzt, dass eineiige Zwillinge zu einhundert Prozent die gleichen Anlagen besitzen, auch in Bezug auf psychische Merkmale. Und genau diesen Ansatz würde die Quelle eben infrage stellen. Laut ihrer Lehre darf die starke äußerliche Ähnlichkeit der eineiigen Zwillinge nicht darüber hinwegtäuschen, dass sie unterschiedliche Seelen in sich tragen, manchmal sogar verschiedenen Alters. Nur die Körper sind fast gleich, die Seelen sind es nicht.[162] Und da die Psyche laut der Quelle durch ein Wechselspiel von Körper und Seele hervorgebracht wird, unterscheiden sich auch die Psychen eineiiger Zwillinge bereits von Geburt an. Bei ihnen eine fast identische psychische Ausgangslage anzunehmen und zur Grundlage von Forschungen zu machen, ist so gesehen ein Fehler. Und tatsächlich gibt es neben spektakulären Berichten über getrennt aufgewachsene Zwillinge, die sich nach Jahren wiedersehen und über denselben Lebensverlauf staunen, auch Zwillingseltern, die von Geburt an wahrnehmen, dass ihre äußerlich so gleichen Kinder sich in Wesen und Charakter deutlich unterscheiden. Zur Erklärung werden dann Genmutationen bald nach Trennung der Eizelle vermutet oder Eltern überlegen, welcher Zwilling wie in der Gebärmutter lag und darüber womöglich besser ernährt wurde, also der stärkere Zwilling ist – oder auch, wer zuerst das Licht der Welt erblickte, also der oder die Ältere ist. Bei genauerem Hinsehen erscheint der Erklärungsansatz der Quelle zu diesem Phänomen aber überzeugender.

Dabei erwartet sie gar nicht, dass man ihre Aussagen einfach glaubt. Es geht nicht um „dogmatisch zu verstehende neue Wahrheiten". Vielmehr wollen die Botschaften der Quelle anregen, „einmal in eine ganz andere Richtung zu denken und zu fühlen, die neuen Ideen auch auszuprobieren und auf ihren pragmatischen Gehalt hin zu überprüfen." Sie haben für „die Menschen der westlichen Welt einen erheblichen Erklärungswert."[163]

Kontakte zu nicht inkarnierten Seelen

Kommen wir nun noch einmal auf das Phänomen der Nahtoderfahrungen zurück, denn auch Erlebnisse an der Schwelle zum Tod können über die Seelenlehre der Quelle erklärt werden.

Als klassisches Element von Nahtoderfahrungen wird oft ein Kontakt mit bereits verstorbenen Angehörigen beschrieben. Die erscheinen dabei zumeist in der Blüte des vergangenen Lebens, gesund und strahlend – und das auch, wenn sie tatsächlich alt geworden sind und beim Eintritt des Todes durch Krankheit gezeichnet waren. Dieses Phänomen lässt sich über die Seelenlehre der Quelle folgendermaßen erklären: Die eigentlich gestaltlose Energie einer nicht inkarnierten Seele kann für den

Kontakt mit einem Menschen eine *Einkleidung* wählen – quasi ein Gewand, das dem jeweiligen Menschen vertraut ist, damit er sich darüber ihrer Botschaft angstfrei öffnen kann.[164] Und so erscheinen die bereits Verstorbenen gesund und unversehrt. Sogar Missbildungen, die bereits bei Geburt vorhanden waren, sind nun verschwunden.

Engel-, Marien- und Jesuserscheinungen können ebenfalls in dieser Art als Einkleidungen gedeutet werden, die einzelne Seelen oder auch Gruppen-Wesenheiten nutzen, um wichtige Botschaften zu übermitteln.[165] Überhaupt sind laut der Quelle alle Menschen ständig in Kontakt mit nicht inkarnierten Seelen, vor allem mit den übrigen Fragmenten der eigenen Seelenfamilie, den Seelengeschwistern. Diese unterstützen und inspirieren, oft trösten sie auch – was zum Beispiel nachts im Schlaf geschehen kann, in Zuständen von Koma und Narkose oder auch in Visionen bei wachem Bewusstsein.[166] Wenn Hilfe durch einen persönlichen Schutzengel erlebt wird, handelt es sich ebenfalls um einen Kontakt mit der eigenen Seelenfamilie.[167] Klar zu unterscheiden ist laut Quelle aber die seelische Familie von der menschlichen Familie. Zwar können sich unter den menschlichen Verwandten und Freunden grundsätzlich auch inkarnierte Seelengeschwister befinden, das sei aber eher selten.[168]

Die Reise heimwärts

Der Kontakt zur eigenen Seelenfamilie mit ihren rund eintausend Fragmenten wird laut der Quelle immer als beglückend erlebt, man fühlt sich in etwas Größerem aufgehoben. Das erinnert an die Verschmelzungserlebnisse, von denen Sufis und andere MystikerInnen berichten: dem Auflösen des kleinen Ich in etwas Größerem. Immer geht es dabei um Entgrenzung und Transzendenz. Das *Erkenne-dich-selbst* aus Delphi kann vor diesem Hintergrund als Aufforderung verstanden werden, sich hinter dem endlichen Körper mit seinem endlichen Ich als unendliche Seele zu entdecken. Die Seele soll sich ihrer selbst bewusst werden. Laut der Quelle geschieht das im Verlauf der vielen Inkarnationen automatisch. Ähnlich formuliert finden wir es auch bei dem Sufi-Meister Hazrat Inayat Khan: „So wie eine Frucht im natürlichen Verlauf reift, so sollte auch die Seele in einem natürlichen Verlauf reifen."[169] Sie vollzieht dabei zwei Reisen: „die Reise vom Ursprung zum Leben in der Welt und die Reise vom Leben in der Welt zurück zum Ursprung". So wie es natürlich ist, „aus dem ewigen Ursprung hinauszugehen", so ist es notwendig, „vom sich wandelnden Leben zum unwandelbaren zurückzukehren." Auf der ersten Reise richtet sich das Verlangen eines Menschen mehr auf Weltliches, auf der zweiten mehr auf Transzendentes. „Wofür er bereit ist, danach verlangt er. Jede Stufe im Leben hat die ihr eigenen, angemessenen Wünsche."[170]

Der Weg von Sufis und MystikerInnen entspricht in diesem Bild der zweiten Reise, der Reise zurück zum Ursprung. Und so benennt auch Llewellyn Vaughan-Lee, der Nachfolger Irina Tweedies, den Sufi-Pfad als eine „Reise heimwärts, eine Pilgerschaft von der äußeren Welt der Illusionen zur inneren Wirklichkeit, die dem Inneren des

Herzens angehört."[171] Über seinen eigenen Ruf auf diesen Pfad schreibt er: „Als ich zum ersten Mal zu meiner Lehrerin, Irina Tweedie, kam, saß ich in ihrem kleinen Zimmer, schaute in ihre blauen Augen und *wusste, dass sie wusste.* Von diesem Moment an wollte ich, ohne den Grund zu kennen, mehr als alles sonst das haben, was sie hatte."[172] Für ihn war eine andere Bewusstseinsebene evident geworden. Doch Erfahrungen dieser Art sind immer subjektiv, können anderen zwar sprachlich mitgeteilt werden, verlieren dabei aber ihre persönliche Evidenz. Wie deshalb umgehen mit diesen zutiefst persönlichen Erlebnissen, mit womöglich auch eigenen unerklärlich erscheinenden Erfahrungen – etwa von Synchronizität, auf die C. G. Jung immer wieder hinwies?[173]

Wir haben die Wahl

Grundsätzlich scheint es drei Wege der Auseinandersetzung mit dem Transzendenten zu geben:

Erstens, man glaubt einfach alles, ohne zu hinterfragen oder zu prüfen, das spart den mentalen Aufwand. Scharlatane verdienen dann gut damit, möglichst angenehme Angebote zu machen, um schöne Illusionen aufzubauen.

Zweitens, man nimmt im Umgang mit diesen Themen die materialistische Weltsicht ein. Auch hier ist die mentale Anstrengung gering, weil der Bereich des Übersinnlichen entweder komplett ausgeblendet wird oder man davon ausgeht, dass bisher Unerklärliches sich im Zuge der wissenschaftlichen Entwicklung später doch als logisch erklärbar herausstellen wird.

Wem diese beiden Varianten nicht behagen, wer Spirituelles weder einfach glauben noch pauschal ablehnen möchte, der lässt sich auf einen anspruchsvollen Weg ein. Hier müssen unterwegs Zweifel und Ambivalenzen ausgehalten werden. Wer grundsätzlich kritisch bleibt, dabei aber eine Weltsicht einnimmt, die es für möglich hält, dass es mehr geben könnte als das, was unsere Sinne erfassen und unsere Ratio verstehen kann – der steht vor der schwierigen Aufgaben, das weite Feld der spirituellen Phänomene für sich zu sortieren. Er wird davon ausgehen müssen, dass manches dort authentisch sein könnte, während anderes auf eine bewusste oder unbewusste Täuschung einzelner Personen zurückgeht. Ihm bleibt es nicht erspart, sich ein eigenes Bild zu machen, um sich dann immer wieder neu zu entscheiden, was er als „wahr" annehmen und was er bezweifeln möchte. Diese offene Perspektive ist in jedem Fall kognitiv herausfordernd, aber sie ist auch extrem spannend! Man kann sich irren und an Falsches glauben, aber da man sich das Glauben überhaupt erlaubt, kann es auch zu bereichernden Erfahrungen kommen.

Die Psychologie bietet zum Thema *Spiritualität* zwei Positionen an:

Aus Sicht ihrer akademischen Variante ist Spiritualität vor allem eine *Coping-Strategie*, die dazu dient, Stress- und Angstgefühle zu bewältigen, welche durch die Tatsache der Verletzlichkeit und Endlichkeit bei jedem Menschen hervorgerufen werden. Illusionen eines Weiterlebens nach dem Tod sowie umfassenderer Dimensionen, in denen wahre Gerechtigkeit herrscht, dienen demnach psychischer Entlastung. Wunder sind dabei nur scheinbar unerklärlich und werden mit fortschreitender Untersuchung in der Zukunft naturwissenschaftlich aufzuklären sein. Was vermeintlich numinos erscheint, bleibt nur aktuell im Dunkeln, bis die Ratio eine bessere Beleuchtung schafft.

Eine deutliche Gegenposition vertrat C. G. Jung, bei dem wir über das Wesen der Seele lesen, es reiche „wohl in Dunkelheiten weit jenseits unserer Verstandeskategorien. Die Seele enthält so viele Rätsel wie die Welt mit ihren galaktischen Systemen, vor deren erhabenem Anblick nur ein phantasieloser Geist sein Ungenügen sich nicht zugestehen kann. Bei dieser äußersten Unsicherheit menschlicher Auffassung ist aufklärerisches Getue nicht nur lächerlich, sondern auch betrüblich geistlos."[174]

C. G. Jung, wie auch Abraham Maslow und Viktor Frankl[175] können als Wegbereiter der heutigen *Transpersonalen Psychologie* gesehen werden, die sich mit dem spirituellen Erleben befasst und dabei Bewusstseinsdimensionen jenseits der persönlichen Psyche annimmt.[176]

Die akademische Psychologie hier und die Transpersonale Psychologie dort – sie bieten uns zwei unterschiedliche Zugänge zu Spiritualität und Medialität. Jeder Zugang für sich ist dabei schlüssig und nachvollziehbar. Wir haben die freie Wahl und können uns für eine der beiden Positionen entscheiden – ob dauerhaft oder häufiger wechselnd, ob im Ganzen oder nur teilweise. Welche der beiden Brillen wir aufsetzen und wann und wie lange wir sie erproben, bleibt ganz uns überlassen.

Die Insel des Lächelns

Da sind wir nun fast am Ende unserer Reise angekommen. Wie es wohl inzwischen den SeefahrerInnen vom Anfang ergangen ist? Was mögen sie erlebt haben, nachdem sie die Insel der Gehörlosen verlassen haben?

Wir werden gleich erfahren, dass sie tatsächlich weitere spannende Entdeckungen gemacht haben. Doch zunächst einmal waren unserer SeefahrerInnen wieder einige Zeit auf dem großen Meer unterwegs. Meistens war es ruhig, sie hatten aber auch ein paar heftige Stürme zu bestehen. Manchmal gab es viel Arbeit, manchmal war es entspannt. Einige Tage waren aufregend und andere langweilig. In guten Zeiten zauberte der Koch ein leckeres Essen, ansonsten reichte es eben zum Sattwerden. So vergingen viele Tage auf See.

Irgendwann aber sahen die MatrosInnen am Horizont eine weitere Insel. Sie hielten darauf zu und auch hier wurden sie freundlich in Empfang genommen. Zu ihrer großen Erleichterung sprachen die BewohnerInnen sogar ihre Sprache, konnten sehen und hören wie sie selbst. Auch auf dieser Insel blieben die SeefahrerInnen einige Zeit. Sie erholten sich von der anstrengenden Fahrt auf dem Meer und legten auch einige Vorräte an. Dazu arbeiteten sie gemeinsam mit den InsulanerInnen und halfen ihnen bei so manch handwerklicher Tätigkeit. Und wieder waren es die besonders neugierigen und offenen Gäste, die irgendwann etwas bemerkten: Manchmal lächelten zwei InsulanerInnen bei der gemeinsamen Arbeit plötzlich zur selben Zeit, obwohl niemand etwas gesagt hatte und auch niemand von der Arbeit aufgesehen hatte. Dieses Phänomen trat immer wieder auf. Sie lächelten still in sich hinein, schienen dabei irgendwie untereinander verbunden zu sein. Die neugierigen SeefahrerInnen beobachteten diese Vorgänge genau, tauschten sich dazu auch untereinander aus, aber sie fanden den Grund für dieses Verhalten nicht heraus. Wenn sie die InsulanerInnen danach fragten, zeigten die wieder dieses stille Lächeln, zuckten dabei aber mit den Schultern. Ein einziges Mal nur bekamen sie eine Antwort. Eine alte Frau, die sie nach diesem Phänomen befragt hatten, sah sie liebevoll an und sagte: „Seid einfach nur geduldig.“ Und dann lächelte auch sie.

Es gibt mich nicht,
doch ich bin der Hauch Deiner Sehnsucht.
Es gib mich nicht,
doch ich bin der leere Spiegel des Mondes.
Es gibt mich nicht,
doch ich bin der Schatten Deiner Träume.
Es gibt mich nicht.
Doch ich bin Dein Herz hinter dem Herzen.
Peter Wehmann

Zum Schluss

Wer sind wir? Wer sind wir wirklich?

Wir haben zu dieser zentralen Frage so manches Bild, so manche Metapher, aber auch Ideen, Gedanken und Theorien eingesammelt. Unser Blick auf uns selbst ist weiter geworden. Dennoch bleibt uns die Welt, die wir in diesem Buch gemeinsam durchstreift haben, eine absolute Antwort schuldig. Wir müssen selbst entscheiden, was wir glauben, wie wir uns betrachten wollen. Offensichtlich ist es dabei grundlegend, ob wir die Welt, und damit auch uns selbst, materialistisch oder idealistisch sehen. Im ersten Fall ist Bewusstsein ein Epiphänomen unseres Gehirns, im zweiten Fall besteht Bewusstsein unabhängig von neurologischen Strukturen. Im materialistischen Weltbild sind wir sterbliche Körper, im idealistischen Weltbild werden wir als geistige und seelische Wesen den physischen Tod überleben – auch wenn wir nicht genau sagen können, was da eigentlich weiterlebt. Wer sich grundsätzlich als vergänglich und endlich erlebt, wird seine Lebensspanne von siebzig, achtzig, vielleicht auch neunzig Jahren anders verbringen als jemand, der das Jenseits vor sich sieht.

Menschen sind unterschiedlich. Sie und ich – wir alle sind verschieden, auch wenn wir das Menschsein absolut gemeinsam haben. Deshalb wundert es nicht, wenn Sie sich im Verlaufe unserer Expedition für bestimmte Stationen und Bereiche mehr interessiert haben als für andere. Das ist wohl auch die Quintessenz dieser Reise: Sie dürfen selbst wählen und dabei Ihrem eigenen Gefühl treu bleiben. Und wenn Sie diese Freiheit auch Ihren Mitmenschen zugestehen, wird die Welt vielfältig und bunt. Sie können es dann wie der Dalai Lama halten, der im eigenen Glauben fest verwurzelt ist und dabei die anderen Wege mit Freude und Hochachtung betrachtet.

Vielleicht liegt genau diese Einstellung, die tiefe Akzeptanz von Pluralität, schon ziemlich nah am eigentlichen Kern unseres Menschseins. Egal, auf welchem Trittstein wir selbst stehen und uns verankert haben – wir sind dabei in der Lage, noch viele weitere Perspektiven aufzuspannen. Damit sind wir nicht nur denkende, sondern auch in hohem Maße kreative Wesen. Wir entwerfen Weltbilder und entscheiden, was wir selbst darin sein wollen. Das haben wir den Affen deutlich voraus, finden Sie nicht?

Ich hoffe, dass Sie unser gemeinsames Forschen genießen konnten und dabei wertvolle Impulse und Inspirationen für sich selbst gefunden haben. Als Reiseleiterin war ich sehr darum bemüht, neutral zu sein, um Ihre Empfindungen und Entdeckungen nicht zu beeinflussen. Aber dennoch konnte ich meine persönliche Position, meinen eigenen Trittstein, wohl doch nicht ganz verstecken. Um es nun am Ende einmal auszusprechen: Während meines Psychologie- und Philosophiestudiums habe ich mich lange und intensiv in das materialistische Weltbild eingedacht und danach gelebt. Auf die Dauer war es für mich aber nicht das „Richtige". Doch jeder ist anders – und Sie, lieber Leser, liebe Leserin, werden Ihren eigenen, ganz einzigartigen Weg finden, so oder so, da bin ich mir sicher.

Literatur

Ahnert, L. (Hrsg.): *Frühe Bindung – Entstehung und Entwicklung*. Ernst Reinhardt Verlag, München 2019.

Ahnert, L. & Keller, H.: *Die Bindungstheorie in der Frühpädagogik – ein Streitgespräch*. In: Frühe Kindheit, 03/2020, S. 44–53.

Albert, H.: *Traktat über kritische Vernunft*. Mohr Siebeck, Tübingen 1991.

Alexander, E.: *Blick in die Ewigkeit – Die faszinierende Nahtoderfahrung eines Neurochirurgen*. Ansata, München 2013.

Betz, O. (Hrsg.): *Schönheit spricht zu allen Herzen – Das Simon-Weil-Lesebuch*. Kösel-Verlag, München 2009.

Bretz, S. V.: *Yoga Geschichten aus klassischen indischen Schriften – Nacherzählt von Sukadev Volker Bretz*. Yoga Vidya Verlag, Horn – Bad Meinberg 2010.

Bucher, A.: *Psychologie der Spiritualität*. Beltz, Weinheim 2014.

Chalmers, A. F.: *Wege der Wissenschaft – Einführung in die Wissenschaftstheorie*. Springer-Verlag, Berlin 2007.

Clasemann, S.: *Heiliges Usbekistan – Auf den Spuren großer Sufis*. Silsile, Wien 2021.

Coleman, G. & Jinpa, Th. (Hrsg.): *Das Tibetische Totenbuch*. Arkana, München 2008.

Dalai Lama: *Das Herz der Religionen – Gemeinsamkeiten entdecken und verstehen*. Herder, Freiburg im Breisgau 2012.

De Botton, A.: *Religion für Atheisten – Vom Nutzen der Religion für das Leben*. Fischer, Frankfurt am Main 2017.

De Beauvoir, S.: *Das andere Geschlecht – Sitte und Sexus der Frau*. Rowohlt, Hamburg 2000.

Dorst, B.: *Alles beginnt mit Sehnsucht und Suche – Herzensbildung auf dem Sufi-Weg*. Patmos, Ostfildern 2018.

Eilenberger, W.: *Feuer der Freiheit – Die Rettung der Philosophie in finsteren Zeiten*. Klett-Cotta, Stuttgart 2020.

Ewald, G.: *Nahtoderfahrungen – Hinweise auf ein Leben nach dem Tod?* Topos, Kevelaer 2008.

Ferber, R.: *Warum hat Platon die „ungeschriebene Lehre" nicht geschrieben?* C. H. Beck, München 2007.

Frankl, V. E.: *Das Leiden am sinnlosen Leben – Psychotherapie für heute*. Herder, Wien 1977.

Frankl, V. E.: *… trotzdem Ja zum Leben sagen – Ein Psychologe erlebt das Konzentrationslager*. Deutscher Taschenbuch Verlag, München 1982.

Frankl, V. E.: *Was nicht in meinen Büchern steht – Lebenserinnerungen*. Beltz, Weinheim 2002.

Gabriel, M.: *Ich ist nicht Gehirn – Philosophie des Geistes für das 21. Jahrhundert*. Ullstein, Berlin 2015.

Galliker, M., Klein, M. & Rykart, S.: *Meilensteine der Psychologie – Die Geschichte der Psychologie nach Personen, Werk und Wirkung*. Kröner, Stuttgart 2007.

Gazzaniga, M.: *Die Ich-Illusion – Wie Bewusstsein und freier Wille entstehen*. Hanser, München 2012.

Gibran, K.: *Sand und Schaum – Aphorismen*. Walter Verlag, Zürich und Düsseldorf 1999.

Gibran, K.: *Geheimnisse des Herzens – Worte wie Geschenke*. Topos, Kevelaer 2015.

Grossmann, K. & Grossmann, K. E.: *Bindungen – Das Gefüge psychischer Sicherheit*. Klett-Cotta, Stuttgart 2012.

Grün, A., Jäger, W. & Nonhoff, W. (Hrsg.): *Das Geheimnis jenseits aller Wege – Was uns eint, was uns trennt*. Vier-Türme-Verlag, Münsterschwarzach 2013.

Halfwassen, J.: *Plotin*. C. H. Beck, München 2004.

Hasselmann, V. & Schmolke, F.: *Welten der Seele – Trancebotschaften eines Mediums*. Goldmann, München 1993.

Hasselmann, V. & Schmolke, F.: *Die Seelenfamilie – Sinn und Struktur seelischer Beziehungen*. Goldmann, München 2001.

Hasselmann, V. und Schmolke, F.: *Archetypen der Seele – Eine Anleitung zur Erkundung der Seelenmatrix*. Goldmann, München 2010.

Hasselmann, V.: *Medialität und Trance – Botschaften aus fernen Welten, eine persönliche Geschichte*. Arkana, München 2020.

Hayward, J. W. & Varela, F. J. (Hrsg.): *Gewagte Denkwege – Wissenschaftler im Gespräch mit dem Dalai Lama*. Piper, München 1996.

Hilbrecht, H.: *Meditation und Gehirn – Alte Weisheit und moderne Wissenschaft*. Schattauer, Stuttgart 2010.

Jäger, W.: *Die Welle ist das Meer – Mystische Spiritualität*. Herder, Freiburg im Breisgau 2012.

Jaffé, A. (Hrsg.): *Erinnerungen, Träume, Gedanken von C. G. Jung.* Walter-Verlag, Olten und Freiburg im Breisgau 1971.

Jung, C. G.: *Schriften zu Spiritualität und Transzendenz – Ausgewählt und herausgegeben von Brigitte Dorst.* Patmos, Ostfildern 2013.

Keller, H: *Autonomie und Verbundenheit – Menschliche Grundbedürfnisse und kulturelle Werte.* In: Grabbe, M; Borke, J. & Tsirigotis, C. (Hrsg.): *Autorität, Autonomie und Bindung – Die Ankerfunktion bei elterlicher und professioneller Präsenz.* Vandenhoeck & Ruprecht, Göttingen 2013, S. 103–119.

Keller, H.: *Die Entwicklung der Generation Ich – Eine psychologische Analyse aktueller Erziehungsleitbilder.* Springer Fachmedien, Wiesbaden 2015.

Keller, H.: *Mythos Bindungstheorie – Konzept, Methoden, Bilanz.* Verlag das Netz, Weimar 2021.

Khan, H. I.: *Wanderer auf dem inneren Pfad*, Verlag Heilbronn, Heilbronn 1996.

Khan, H. I.: *Die Gathas – Weisheit der Sufis.* Verlag Heilbronn, Heilbronn 2001.

Knüll, W.: *Nahtoderfahrungen – Blick in eine andere Welt. Aktuelle Antworten der Wissenschaft.* Patmos, Ostfildern 2023.

Kuhn, Th. S.: *Die Struktur wissenschaftlicher Revolutionen.* Suhrkamp, Frankfurt am Main 1976.

Lipska, B. K. & McArdle, E.: *Die Hirnforscherin, die den Verstand verlor – Was mich mein Hirntumor über das Wesen der menschlichen Persönlichkeit lehrte.* Ludwig, München 2018.

Lohaus, A. & Vierhaus, M.: *Entwicklungspsychologie des Kindes- und Jugendalters für Bachelor.* Springer, Berlin 2019.

Maslow, A. H.: *Motivation und Persönlichkeit*. Rowohlt, Reinbek bei Hamburg 1981.

Maslow, A. H.: *Jeder Mensch ist ein Mystiker – Impulse für die seelische Ganzwerdung.* Peter Hammer Verlag, Wuppertal 2014.

Maturana, H. R. & Varela, F. J.: *Der Baum der Erkenntnis – Die biologischen Wurzeln menschlichen Erkennens.* Fischer, Frankfurt am Main 2009.

Merton, Th.: *Sich für die Welt entscheiden*. Arbor, Freiamt 2009.

Mete, D. E.: *Liebe und Furcht am Sufi-Weg des Einsseins.* Silsile, Wien 2018.

Miller, L.: *Das erwachte Gehirn – Warum Spiritualität in uns allen angelegt ist.* Arkana, München 2022.

Monyer, H. et al.: *Das Manifest – Elf führende Neurowissenschaftler über Gegenwart und Zukunft der Hirnforschung.* In: *Gehirn & Geist, Zeitschrift für Psychologie und Hirnforschung, 6/2004*, S. 30–37.

Moody, R. A.: *Leben nach dem Tod – Die Erforschung einer unerklärlichen Erfahrung.* Rowohlt, Reinbek bei Hamburg 2001.

Platon: *Von der Unsterblichkeit der Seele – Phaidon.* Anaconda, München 2018.

Plotin: *Ausgewählte Schriften*. Reclam, Ditzingen 2011.

Popper, K. R.: *Logik der Forschung.* Mohr, Tübingen 1982 (1. Auflage 1934).

Roberts, J.: *Das Seth-Material.* Seth-Verlag, Sempach 1970.

Roth, G. & Strüber, N.: *Wie das Gehirn die Seele macht.* Klett-Cotta, Stuttgart 2018.

Schimmel, A.: *Mystische Dimensionen des Islam – Die Geschichte des Sufismus.* Insel Taschenbuch, Frankfurt am Main 1995.

Schimmel, A.: *Wie universal ist die Mystik? – Die Seelenreise in den großen Religionen der Welt.* Herder, Freiburg im Breisgau 1996.

Schimmel, A.: *Sufismus – Eine Einführung in die islamische Mystik.* C. H. Beck, München 2000.

Schmidt, G.: *Transzendiertes Bewusstsein: Was Hypnotherapie von Nahtod-Erfahrungen und anderen spirituell-transzendierenden Erfahrungen lernen und nutzen kann.* Auditorium-Verlag, Schwarzach/M. 2012.

Schönpflug, W.: *Geschichte und Systematik der Psychologie.* Beltz, Weinheim 2013.

Sheldrake, R.: *Das schöpferische Universum – Die Theorie des morphogenetischen Feldes.* Ullstein, Berlin 2009.

Singer, W. & Ricard, M.: *Jenseits des Selbst – Dialoge zwischen einem Hirnforscher und einem buddhistischen Mönch.* Suhrkamp, Berlin 2018.

Skinner, B. F.: *Futurum Zwei „Walden Two" – Die Vision einer aggressionsfreien Gesellschaft.* Rowohlt, Reinbek bei Hamburg 1972.

Smith, M: Rabi'a von Basra: *„Oh, mein Herr, Du genügst mir!" – Heilige Frauen im Islam.* Geistfeuer Verlag, Bonn 1997.

Strohmeyr, A.: *Große Philosophinnen – Wie ihr Denken die Welt prägte.* Piper, München 2021.

Swaab, D.: *Wir sind unser Gehirn – Wie wir denken, leiden und lieben.* Knaur, München 2013.

Taylor, J. B.: *Mit einem Schlag – Wie eine Hirnforscherin durch ihren Schlaganfall neue Dimensionen des Bewusstseins entdeckt.* Knaur, München 2008.

Tuccillo, D., Zeizel, J. & Peisel, T.: *Klarträumen – Träume bewusst steuern, die Kreativität beflügeln, Probleme lösen.* Goldmann, München 2016.

Tweedie, I.: *Der Weg durchs Feuer – Tagebuch einer spirituellen Schulung durch einen Sufi-Meister.* Heyne, München 1988.

Van Lommel, P.: *Endloses Bewusstsein – Neue medizinische Fakten zur Nahtoderfahrung.* Knaur, München 2013.

Varela, F. J. & Thompson, E.: *Der Mittlere Weg der Erkenntnis – Die Beziehung von Ich und Welt in der Kognitionswissenschaft – der Brückenschlag zwischen wissenschaftlicher Theorie und menschlicher Erfahrung.* Scherz, Bern 1991.

Varela, F. J.: *Traum, Schlaf und Tod – Der Dalai Lama im Gespräch mit westlichen Wissenschaftlern.* Piper, München 2001.

Vaughan-Lee, L.: *Das verborgene Gesicht der Liebe – Die spirituelle Autobiographie eines modernen Sufis.* Ansata, München 1998.

Vaughan-Lee, L: *Fragmente einer Liebesgeschichte – Betrachtungen über das Leben eines Mystikers.* Oneness Center Publishing, Bern 2012.

Vogel, W.: *Die Religionsstifter – Leben und Lehren*. Marix Verlag, Wiesbaden 2016.

Von Wussow, Ph.: *Expertokratie – Über das schwierige Verhältnis von Wissen und Macht*. Carl Auer, Heidelberg 2023.

Watzlawick, P.: *Anleitung zum Unglücklichsein*. Piper, München 1983.

Weil, S.: *Krieg und Gewalt – Essays und Aufzeichnungen*. Diaphanes, Zürich 2011/2021.

Weil, S.: *Die Verwurzelung – Vorspiel zu einer Erklärung der Pflichten dem Menschen gegenüber*. Diaphanes, Zürich 2011.

Personen- und Sachindex

Anmerkungen

[1] Popper, K. R.: *Logik der Forschung*. Mohr, Tübingen 1982 (1. Auflage 1934).

[2] Kuhn, Th. S.: *Die Struktur wissenschaftlicher Revolutionen*. Suhrkamp, Frankfurt am Main 1976.

[3] Ebd., S. 123 ff.

[4] Chalmers, A. F.: *Wege der Wissenschaft – Einführung in die Wissenschaftstheorie*. Springer-Verlag, Berlin 2007, S. 147 ff.

[5] Keller, H.: *Mythos Bindungstheorie – Konzepte, Methoden, Bilanz*. Verlag das Netz, Weimar 2021, S. 25.

[6] Von den Bindungsstilen zu unterscheiden sind die als pathologisch zu bewertenden *Bindungsstörungen*, auf die hier nicht näher eingegangen wird.

[7] Ebd., S. 27.

[8] Ebd., S. 34.

[9] Zentner, M. R.: *Der Einfluss des Temperaments auf das Bindungsverhalten*. In: Ahnert, L. (Hrsg.): *Frühe Bindung – Entstehung und Entwicklung*. Ernst Reinhardt Verlag, München 2019, S. 182 ff.

[10] Grossmann, K. & Grossmann, K. E.: *Bindungen – Das Gefüge psychischer Sicherheit*. Klett-Cotta, Stuttgart 2012, S. 578.

[11] Ebd., S. 644 f.

[12] Ebd., S. 226 ff.

[13] Ebd., S. 114 ff.

[14] Keller, H.: *Mythos Bindungstheorie*, S. 71 ff.

[15] In Migrationsfamilien finden sich oft Mischformen.

[16] Keller, H.: *Kultur und Bindung*. In: Ahnert, L. (Hrsg.): *Frühe Bindung*, S. 116 ff.

[17] Keller, H.: *Die Entwicklung der Generation Ich – Eine psychologische Analyse aktueller Erziehungsleitbilder*. Springer Fachmedien, Wiesbaden 2015, S. 13, 26 und 30 f.

[18] Ein Sonderfall sind traumatische Erfahrungen. Hier funktioniert das automatische Nachlassen der Reizverknüpfung nicht, sodass die Betroffenen noch Jahre nach dem traumatischen Ereignis auf scheinbar harmlose Reize mit Panikattacken reagieren können.

[19] Als weitere Form des Lernens wäre das *Lernen am Modell* nach Bandura zu nennen, bei dem man Verhaltensweisen bei anderen beobachtet und sie dann imitiert.
S. zu den verschiedenen Lerntheorien auch Lohaus, A. & Vierhaus, M.: *Entwicklungspsychologie des Kindes- und Jugendalters für Bachelor*. Springer, Berlin 2019, S. 19–23.

[20] Skinner, B. F.: *Futurum Zwei „Walden Two" – Die Vision einer aggressionsfreien Gesellschaft*. Rowohlt, Reinbek bei Hamburg 1972.

[21] Galliker, M., Klein, M. & Rykart, S.: *Meilensteine der Psychologie – Die Geschichte der Psychologie nach Personen, Werk und Wirkung*. Kröner, Stuttgart 2007, S. 390.

[22] Ebd., S. XIII.

[23] Schönpflug, W.: *Geschichte und Systematik der Psychologie*. Beltz, Weinheim 2013, S. 293 und S. 309 ff.

[24] Tuccillo, D., Zeizel, J. & Peisel, T.: *Klarträumen – Träume bewusst steuern, die Kreativität beflügeln, Probleme lösen*. Goldmann, München 2016.

[25] Carl Gustav Jung wird üblicherweise dem tiefenpsychologischen Paradigma zugeordnet. Er gilt aber gleichzeitig auch als bedeutender Vertreter der Humanistischen Psychologie, die im Folgenden dargestellt wird.

[26] Später entwickelte sich hieraus noch ein vierter Weg, die *Transpersonale Psychologie*. S. dazu auch Kapitel 6.

[27] Maslow, A. H.: *Motivation und Persönlichkeit.* Rowohlt, Reinbek bei Hamburg 1981.

[28] Maslow, A. H.: *Jeder Mensch ist ein Mystiker – Impulse für die seelische Ganzwerdung.* Peter Hammer Verlag, Wuppertal 2014.

[29] Ebd., S. 185. Heutige Darstellungen der Bedürfnispyramide zeigen allerdings meist die ältere Variante ohne die letzte Stufe der Transzendenz.

[30] Ebd., S. 93.

[31] Frankl, V. E.: *Das Leiden am sinnlosen Leben – Psychotherapie für heute.* Herder, Wien 1977, S. 15.

[32] Ebd., S. 26 und S. 101.

[33] Ebd., S. 80 ff.

[34] Frankl, V. E.: *... trotzdem Ja zum Leben sagen – Ein Psychologe erlebt das Konzentrationslager.* Deutscher Taschenbuch Verlag, München 1982.

[35] Frankl, V. E.: *Was nicht in meinen Büchern steht – Lebenserinnerungen.* Beltz, Weinheim 2002.

[36] Frankl, V. E.: *Das Leiden am sinnlosen Leben*, S. 97.

[37] Ebd., S. 76.

[38] Ebd., S. 70 ff.

[39] Ebd., S. 91.

[40] Frankl, V. E.: *... trotzdem Ja zum Leben sagen*, S. 139, Hervorhebung im Original.

[41] Platon: *Von der Unsterblichkeit der Seele – Phaidon.* Anaconda, München 2018.

[42] Ferber, R.: *Warum hat Platon die „ungeschriebene Lehre" nicht geschrieben?* C. H. Beck, München 2007.

[43] Halfwassen, J.: *Plotin.* C. H. Beck, München 2004, S. 19 ff.

[44] Genaugenommen ist die oberste Ebene nicht seiend, sondern jenseits des Seins und das Verhältnis zwischen Geist und Seele stellt sich differenzierter dar.

[45] Ebd., S. 46.

[46] Schon Platon hatte nach den letzten und ursprünglichsten Prinzipien gefragt und dabei den Gegensatz von Einheit und Vielheit gefunden.

[47] Plotin: *Ausgewählte Schriften*. Reclam, Ditzingen 2011, S. 59.

[48] Ebd., S. 67.

[49] Ebd., S. 67.

[50] Ebd., S. 59.

[51] Halfwassen, J.: *Plotin*, S. 152.

[52] Albert, H.: *Traktat über kritische Vernunft*. Mohr Siebeck, Tübingen 1991, S. 36.

[53] Schmidt, G.: *Transzendiertes Bewusstsein: Was Hypnotherapie von Nahtod-Erfahrungen und anderen spirituell-transzendierenden Erfahrungen lernen und nutzen kann.* Auditorium-Verlag, Schwarzach/M. 2012.

[54] Strohmeyr, A.: *Große Philosophinnen – Wie ihr Denken die Welt prägte*. Piper, München 2021, S. 188 ff. und S. 253 ff.

[55] Ebd., S. 267 f.

[56] De Beauvoir, S.: *Das andere Geschlecht – Sitte und Sexus der Frau*. Rowohlt, Hamburg 2000.

[57] Eilenberger, W.: *Feuer der Freiheit – Die Rettung der Philosophie in finsteren Zeiten*. Klett-Cotta, Stuttgart 2020, S. 286.

[58] Ebd., S. 343.

[59] Weil, S.: *Krieg und Gewalt – Essays und Aufzeichnungen*. Diaphanes, Zürich 2011/2021, S. 181.

[60] Betz, O. (Hrsg.): *Schönheit spricht zu allen Herzen – Das Simon-Weil-Lesebuch*. Kösel-Verlag, München 2009, S. 182.

[61] Ebd., S. 183.

[62] Ebd., S. 186.

[63] Ebd., S. 187.

[64] Ebd., S. 35.

[65] Ebd., S. 200.

[66] Weil, S.: *Die Verwurzelung – Vorspiel zu einer Erklärung der Pflichten dem Menschen gegenüber*. Diaphanes, Zürich 2011, S. 200.

[67] Ebd., S. 148.

[68] Eilenberger, W.: *Feuer der Freiheit,* S. 363.

[69] Weil, S.: *Die Verwurzelung,* S. 271.

[70] Taylor, J. B.: *Mit einem Schlag – Wie eine Hirnforscherin durch ihren Schlaganfall neue Dimensionen des Bewusstseins entdeckt.* Knaur, München 2008, S. 60.

[71] Lipska, B. K. & McArdle, E.: *Die Hirnforscherin, die den Verstand verlor – Was mich mein Hirntumor über das Wesen der menschlichen Persönlichkeit lehrte.* Ludwig, München 2018.

[72] Gazzaniga, M.: *Die Ich-Illusion – Wie Bewusstsein und freier Wille entstehen.* Hanser, München 2012, S. 94.

[73] Ebd., S. 100 f. und S. 116.

[74] Monyer, H. et al.: *Das Manifest – Elf führende Neurowissenschaftler über Gegenwart und Zukunft der Hirnforschung.* In: *Gehirn & Geist, Zeitschrift für Psychologie und Hirnforschung, 6/2004,* S. 30–37.

[75] Swaab, D.: *Wir sind unser Gehirn – Wie wir denken, leiden und lieben.* Knaur, München 2013.

[76] Roth, G. & Strüber, N.: *Wie das Gehirn die Seele macht.* Klett-Cotta, Stuttgart 2018.

[77] In der Philosophie wird hierfür der Begriff der *Qualia* (Singular *Quale*) benutzt.

[78] Auf den Unterschied zwischen *schwacher* und *starker Emergenz* soll hier nicht eingegangen werden.

[79] Gazzaniga, M.: *Die Ich-Illusion,* S. 158 ff.

[80] Hilbrecht, H.: *Meditation und Gehirn – Alte Weisheit und moderne Wissenschaft*. Schattauer, Stuttgart 2010, S. 61 und S. 91.

[81] Hayward, J. W. & Varela, F. J. (Hrsg.): *Gewagte Denkwege – Wissenschaftler im Gespräch mit dem Dalai Lama*. Piper, München 1996.

[82] Dalai Lama, ebd., S. 16.

[83] Dalai Lama, ebd., S. 206.

[84] Coleman, G. & Jinpa, Th. (Hrsg.): *Das Tibetische Totenbuch*. Arkana, München 2008, S. 258 ff.

[85] Dalai Lama in Hayward, J. W. & Varela, F. J. (Hrsg.): *Gewagte Denkwege*, S. 210.

[86] Varela, F. J.: *Traum, Schlaf und Tod – Der Dalai Lama im Gespräch mit westlichen Wissenschaftlern*. Piper, München 2001, S. 107.

[87] Hayward, J. W. & Varela, F. J. (Hrsg.): *Gewagte Denkwege*, S. 129.

[88] Ebd., S. 210 f.

[89] Nur wenige erleben ihre Nahtoderfahrung als bedrohlich. S. dazu auch Knüll, W.: *Nahtoderfahrungen – Blick in eine andere Welt. Aktuelle Antworten der Wissenschaft*. Patmos, Ostfildern 2023, S. 69 ff. und S. 96 ff.

[90] Van Lommel, P.: *Endloses Bewusstsein – Neue medizinische Fakten zur Nahtoderfahrung*. Knaur, München 2013, S. 164 ff.

[91] Ebd., S. 188.

[92] Ebd., S. 298.

[93] S. dazu auch Knüll, W.: *Nahtoderfahrungen*, S. 149–160.

[94] Varela, F. J.: *Traum, Schlaf und Tod*, S. 236 ff.

[95] S. etwa Hilbrecht, H.: *Meditation und Gehirn*, S. 139 ff.

[96] Taylor, J. B.: *Mit einem Schlag*, S. 96.

[97] Ebd., S. 90.

[98] Ebd., S. 87.

[99] Ebd., S. 45.

[100] Ebd., S. 183.

[101] Watzlawick, P.: *Anleitung zum Unglücklichsein.* Piper, München 1983.

[102] Taylor, J. B.: *Mit einem Schlag*, S. 222.

[103] Ebd., S. 157.

[104] Bretz, S. V.: *Yoga Geschichten aus klassischen indischen Schriften – Nacherzählt von Sukadev Volker Bretz.* Yoga Vidya Verlag, Horn – Bad Meinberg 2010, S. 56–58.

[105] Der Hinduismus gilt als stifterlose Religion.

[106] Vogel, W.: *Die Religionsstifter – Leben und Lehren.* Marix Verlag, Wiesbaden 2016, S. 10.
Der Koran allerdings wurde schon zu Lebzeiten Mohammads verfasst. Seine einhundertvierzehn Suren gelten im Islam als direkte Worte Gottes, die Mohammad durch den Erzengel Gabriel offenbart wurden.

[107] Dalai Lama: *Das Herz der Religionen – Gemeinsamkeiten entdecken und verstehen.* Herder, Freiburg im Breisgau 2012, S. 12.

[108] Ebd., S. 175 und zuvor S. 158.

[109] Jäger, W.: *Die Welle ist das Meer – Mystische Spiritualität.* Herder, Freiburg im Breisgau 2012, S. 42 f.

[110] Dalai Lama: *Das Herz der Religionen*, S. 27 ff.

[111] Das Konzept der *Ambiguitätstoleranz* wurde 1949 von der Psychoanalytikerin Else Frenkel-Brunswik eingeführt.

[112] Das Konzept der *kognitiven Dissonanz* wurde ab 1957 vom Sozialpsychologen Leon Festinger entwickelt.

[113] Dalai Lama: *Das Herz der Religionen*, S. 250.

[114] Ebd., S. 224 f. und 192 ff.

[115] De Botton, A.: *Religion für Atheisten – Vom Nutzen der Religion für das Leben.* Fischer, Frankfurt am Main 2017, S. 41.

[116] Ebd., S. 196.

[117] Ebd., S. 300.

[118] Ebd., S. 300.

[119] Miller, L.: *Das erwachte Gehirn – Warum Spiritualität in uns allen angelegt ist.* Arkana, München 2022, S. 177.
An dieser Stelle sei noch einmal auf die höchste Stufe der Maslow'schen Bedürfnispyramide verwiesen, s. Kapitel 2.

[120] Ebd., S. 176.
Hier sei an Viktor Frankls *homo patiens* erinnert, s. Kapitel 2.

[121] Ebd., S. 287.

[122] Ebd., S. 213.

[123] S. Kapitel 3.

[124] Jäger, W.: *Die Welle ist das Meer*, S. 64.

[125] Ebd., S. 65.

[126] Ebd., S. 71.

[127] Smith, M: Rabi'a von Basra: *„Oh, mein Herr, Du genügst mir!" – Heilige Frauen im Islam.* Geistfeuer Verlag, Bonn 1997, S. 12.

[128] S. auch Clasemann, S: *Heiliges Usbekistan – Auf den Spuren großer Sufis.* Silsile, Wien 2021, S. 45–51.

[129] Jäger, W: *Die Welle ist das Meer*, S. 93 f.

[130] Ebd., S. 90 ff.

[131] Clasemann, S.: *Heiliges Usbekistan*, S. 79 f.

[132] Willigis Jäger: *Die Welle ist das Meer*, S. 47 f.
Das Bild von dem einen großen Licht, das durch verschiedene Fenster scheint, findet sich im Übrigen auch schon bei dem großen Sufi Jalalludin Rumi aus Konya. Außerdem ist der Vergleich mit einer Motte, die sich ins Licht stürzen möchte, um dort zu verbrennen und zu vergehen, ein gängiges Motiv der Sufi-Literatur überhaupt.

[133] Tweedie, I.: *Der Weg durchs Feuer – Tagebuch einer spirituellen Schulung durch einen Sufi-Meister.* Heyne, München 1988, S. 928 f.

[134] Ebd., S. 641.

[135] Ebd., S. 438.

[136] Clasemann, S.: *Heiliges Usbekistan – Auf den Spuren großer Sufis*. Silsile, Wien 2021, S. 51 f., S. 103 ff. und 160 ff.

[137] Schimmel, A.: *Mystische Dimensionen des Islam – Die Geschichte des Sufismus*. Insel Taschenbuch, Frankfurt am Main 1995, S. 336.

[138] Tweedie, I.: *Der Weg durchs Feuer*, S. 740 f.

[139] Ebd., S. 939.

[140] Ebd., S. 966.

[141] Hasselmann, V.: *Medialität und Trance – Botschaften aus fernen Welten, eine persönliche Geschichte.* Arkana, München 2020, S. 18, S. 31 und S. 155 f.

[142] Ebd., S. 72 und 228 f.

[143] Ebd., S. 20.

[144] Hasselmann, V. & Schmolke, F.: *Die Seelenfamilie – Sinn und Struktur seelischer Beziehungen.* Goldmann, München 2001, S. 22.

[145] Hasselmann, V. & Schmolke, F.: *Welten der Seele – Trancebotschaften eines Mediums*. Goldmann, München 1993, S. 208 ff.

[146] Ebd., S. 109 ff. und S. 25 ff.

[147] Hazrat Inayat Khan, zitiert nach Tweedie, I.: *Der Weg durchs Feuer*, S. 964.

[148] Vaughan-Lee, L.: *Fragmente einer Liebesgeschichte – Betrachtungen über das Leben eines Mystikers.* Oneness Center Publishing, Bern 2012, S. 52.
Als Hadithe bezeichnet man überlieferte Handlungen und Aussprüche des Propheten Muhammad und seiner engen Vertrauten.

[149] Hasselmann, V. & Schmolke, F.: *Die Seelenfamilie*, S. 64, S. 204 ff. und S. 244 ff.

[150] Khan, H. I.: *Wanderer auf dem inneren Pfad.* Verlag Heilbronn, Heilbronn 1996, S. 79.

[151] Hasselmann, V. und Schmolke, F.: *Archetypen der Seele – Eine Anleitung zur Erkundung der Seelenmatrix.* Goldmann, München 2010, S. 379–446.

[152] Ebd., S. 380 f.

[153] Hasselmann, V. & Schmolke, F.: *Welten der Seele,* S. 14.

[154] Hasselmann, V. & Schmolke, F.: *Die Seelenfamilie*, S. 12 ff.

[155] Roberts, J.: *Das Seth-Material.* Seth-Verlag, Sempach 1970, S. 12 ff.

[156] Hasselmann, V. & Schmolke, F.: *Die Seelenfamilie*, S. 18.

[157] Weitere bekannte Medien unserer Zeitepoche sind etwa Sarah Chambers (gest. 1998): *Michael*, Gitta Malász (gest. 1992): *Die Antwort der Engel* oder Helen Schucman (gest. 1981): *Ein Kurs in Wundern.*
S. auch Hasselmann, V.: *Medialität und Trance,* S. 151 ff.

[158] Ebd., S. 117.

[159] Hasselmann, V. & Schmolke, F.: *Die Seelenfamilie*, S. 31 ff.

[160] Lohaus, A. & Vierhaus, M.: *Entwicklungspsychologie des Kindes- und Jugendalters für Bachelor.* Springer, Berlin 2019, S. 64–72.

[161] Das Fachgebiet der Epigenetik beachtet dabei die Interaktionen von Umwelt und Genetik.

[162] Hasselmann, V. & Schmolke, F.: *Welten der Seele*, S. 127.

[163] Hasselmann, V. & Schmolke, F.: *Die Seelenfamilie*, S. 8.

[164] Ebd., S. 197 f.

[165] Hasselmann, V.: *Medialität und Trance*, S. 243 f.

[166] Die eigene Seelenfamilie ist dabei nicht als Fremdenergie, sondern als *gestaltlose Eigenenergie* zu sehen. Ebd., S. 319.

[167] Hasselmann, V. & Schmolke, F.: *Die Seelenfamilie*, S. 202.

[168] Ebd., S. 52 f.

[169] Khan, H. I.: *Wanderer auf dem inneren* Pfad, S. 61.

[170] Ebd., S. 25.

[171] Vaughan-Lee, L.: *Fragmente einer Liebesgeschichte,* S. 37.

[172] Ebd., S. 192.

[173] Jung, C. G.: *Schriften zu Spiritualität und Transzendenz – Ausgewählt und herausgegeben von Brigitte Dorst*. Patmos, Ostfildern 2013, S. 222–228.

[174] Ebd., S. 238.

[175] S. auch Kapitel 2.

[176] Bucher, A.: *Psychologie der Spiritualität*. Beltz, Weinheim 2014, S. 21 f., 180 und 182 ff.

Über die Autorin

Stephanie Clasemann ist Dozentin und Autorin, Psychologin, Systemische Therapeutin und Hypnotherapeutin. Sie arbeitet seit vielen Jahren in einer dem Jugendamt angegliederten Familienberatungsstelle. Neben ihrer Profession widmet sie sich philosophischen Studien und religionswissenschaftlicher Forschung. Es ist ihr ein Herzensanliegen, über den Tellerrand der Einzeldisziplinen hinauszublicken und Wissensbereiche lebenspraktisch zu verbinden. Das vorliegende Buch ist beredtes Zeugnis dieses Ansatzes.